A arte
de estar
só

Dados Internacionais de Catalogação na Publicação (CIP)
(Câmara Brasileira do Livro, SP, Brasil)

Grün, Anselm
 A arte de estar só : atitudes e rituais para moldar a solitude / Anselm Grün ; tradução de Markus A. Hediger. – Petrópolis, RJ : Vozes, 2024.

 Título original: Von der Kunst, allein zu sein
 ISBN 978-85-326-6904-9

 1. Cristianismo 2. Espiritualidade 3. Mística 4. Solidão I. Hediger, Markus A. II. Título.

24-199288   CDD-248.22

Índices para catálogo sistemático:
1. Espiritualidade : Mística cristã   248.22
Tábata Alves da Silva – Bibliotecária – CRB-8/9253

A arte de estar só

Atitudes e rituais para moldar a solitude

Anselm Grün

Tradução de Markus A. Hediger

EDITORA VOZES

Petrópolis

© 2023 Vier-Türme-Verlag,
Münsterschwarzach Abtei,
Alemanha.
Representada por AVA International
GmbH Munique, Alemanha.

Direitos autorais da edição brasileira
e ano da edição conforme acordo
com Agência Literária Carmen Balcells.

Tradução do original em alemão
intitulado *Von der Kunst, allein zu sein*

Direitos de publicação em língua
portuguesa – Brasil:
2024, Editora Vozes Ltda.
Rua Frei Luís, 100
25689-900 Petrópolis, RJ, Brasil
www.vozes.com.br

Todos os direitos reservados. Nenhuma parte desta obra poderá ser reproduzida ou transmitida por qualquer forma e/ou quaisquer meios (eletrônico ou mecânico, incluindo fotocópia e gravação) ou arquivada em qualquer sistema ou banco de dados sem permissão escrita da editora.

CONSELHO EDITORIAL

Diretor
Volney J. Berkenbrock

Editores
Aline dos Santos Carneiro
Edrian Josué Pasini
Marilac Loraine Oleniki
Welder Lancieri Marchini

Conselheiros
Elói Dionísio Piva
Francisco Morás
Gilberto Gonçalves Garcia
Ludovico Garmus
Teobaldo Heidemann

Secretário executivo
Leonardo A.R.T. dos Santos

PRODUÇÃO EDITORIAL

Aline L.R. de Barros
Marcelo Telles
Mirela de Oliveira
Natália França
Otaviano M. Cunha
Priscilla A.F. Alves
Rafael de Oliveira
Samuel Rezende
Vanessa Luz
Verônica M. Guedes

Diagramação: Editora Vozes
Revisão de originais: Fernando Sergio Olivetti da Rocha
Revisão gráfica: Anna Carolina Guimarães | Lorena Delduca Herédias
Capa: Rafael Machado

ISBN 978-85-326-6904-9 (Brasil)
ISBN 978-3-7365-0486-8 (Alemanha)

Este livro foi composto e impresso pela Editora Vozes Ltda.

Sumário

Solidão: Um fenômeno do nosso tempo 7

Solitude e solidão 17
    Formas e causas da solidão 21
    Experiências de solidão na infância e na juventude . 25

Solidão e solitude na Bíblia 31

A arte de ficar sozinho 41
    Sinta a tristeza de sua solidão 42
    Interpretações positivas da solitude 48
    O significado existencial e religioso da solidão 53
    Reclusão 64

O perigo do isolamento 69

Como moldar a solitude 77
    Estruturar o tempo 78
    Rituais 84
    Ler 89
    Ouvir música 92
    Ser criativo 97
    Meditar 101
    Fazer caminhadas 104
    Não fazer nada 106

Lidar com a solidão de *forma* consciente 111

Referências 117

Solidão
Um fenômeno do nosso tempo

Atualmente, muitas pessoas reclamam da solidão e de estarem sozinhas. Elas vivem em cidades grandes cercadas por muitas pessoas. Mas ainda se sentem sozinhas. Quase não têm contato com os vizinhos e não têm ninguém com quem possam ter uma conversa pessoal e a quem se confidenciar. Elas se sentem sozinhas com seus problemas, com as exigências excessivas do trabalho, com medo de não conseguirem lidar com a vida.

A crise do coronavírus intensificou ainda mais o fenômeno da solidão e do isolamento em nossa sociedade. As pessoas que adoeceram e não puderam receber a visita de ninguém vivenciaram isso de forma muito dolorosa. Em um funeral, um palestrante nos contou sobre o falecido: ele não havia morrido por causa da covid-19 nem de qualquer outra doença, mas de solidão, disse. Ele não suportava ficar sozinho. Durante esse período, as pessoas que estavam próximas da morte acharam particularmente doloroso que ninguém as acompanhava. Seus parentes não tinham permissão de visitá-las. Muitas vezes, isso roubava delas o que ainda lhes restava de vitalidade.

A medicina psicossomática reconheceu que o isolamento é a causa de doenças em muitas pessoas, pois lhes rouba energia. Querer participar de uma comunidade faz parte da natureza humana, porque dependemos de relacionamentos e encontros. Quando se sentem sozinhas, as pessoas perdem a energia rapidamente e em pouco tempo adoecem e morrem. Elas anseiam por dedicação de outras pessoas que lhes dediquem tempo e atenção.

Algumas pessoas rompem a solidão ligando para amigos. Mas, se estiverem muito carentes, os irritam com suas tentativas insistentes de contato. Por outro lado, há pessoas que têm vergonha de ser solitárias; têm medo de mostrar aos outros que estão precisando de ajuda e de pedi-la, fechando-se e recusando qualquer contato. Isolam-se de todos os relacionamentos. Obviamente, ficam envergonhadas de mostrar sua fraqueza e carência. Por isso, fogem e se isolam. Dizem que não querem falar com ninguém. Mas esse autoisolamento pode ter consequências sérias, pois foi comprovado que, muitas vezes, ele é uma das razões para o surgimento de demência ou para a morte prematura. Dificilmente alguém consegue resistir a esse isolamento a longo prazo.

Além da solidão voluntária, há muitas pessoas que são solitárias involuntariamente. Elas anseiam por outras pessoas, mas talvez não tenham mais uma família com que convivem porque seus pais já faleceram e elas não têm irmãos. Ou os irmãos moram longe ou não se dão bem. Como resultado, essas pessoas não têm mais contato com a família e não têm em quem se apoiar. Têm medo de ficar completamente sozinhas na velhice. Elas se perguntam como será quando ficarem doentes e precisarem de ajuda – quem cuidará delas? Elas nem se atrevem a pensar no futuro. No entanto, a pergunta de quem estará presente em sua vida permanece em sua mente.

Algumas pessoas que moram sozinhas se sentem confortáveis em seu lar. Elas gostam de estar em casa porque, aqui, finalmente podem relaxar depois de um dia de muito trabalho. Mas muitas pessoas também ficam entediadas quando estão sozinhas em casa. Elas não sabem o que fazer e se sentem sozinhas. Ninguém as chama. Ninguém cuida delas. Não têm ninguém com quem possam compartilhar suas experiências no trabalho, ninguém que possa apoiá-las, incentivá-las. Elas se sentem abandonadas. E isso lhes rouba a força. Elas não têm motivação para se empenhar no trabalho. Ficar sozinho as enfraquece e as torna suscetíveis a doenças. Quando estão doentes, ninguém cuida delas. Elas precisam ir ao médico por iniciativa própria para pedir um atestado médico. Mas depois ficam sozinhas em seu apartamento e sentem que não dispõem de nenhuma fonte de energia para se recuperar.

Outros se refugiam no trabalho para não se sentirem sozinhos. No trabalho, eles conversam com outras pessoas. Mas quando estão em casa, sentem-se sozinhos em seu apartamento e não sabem o que fazer consigo mesmos. Ainda há isso ou aquilo para fazer na casa. Mas não os satisfaz. Em seu tédio, ligam a televisão para se distrair. Eles têm medo especialmente do fim de semana. Porque não há ninguém lhes esperando e nada que os tire de sua letargia. Quando pensam no fim de semana, a imagem que lhes vêm à mente é um vazio sem limites. Assim, em vez de esperar ansiosamente pelo fim de semana, eles pensam em sua solidão, que os apavora. Se ousarem sair de casa, talvez encontrem famílias jovens com crianças ou casais mais velhos na rua. Então, estar sozinho seria ainda mais doloroso.

Para muitos, a solidão se torna um problema grande quando param de trabalhar e se aposentam. Enquanto trabalhavam, pelo menos ainda tinham contato com os colegas de trabalho. E, às vezes, eles se davam muito bem. Eles também tinham a impressão de que eram necessários. Eles eram importantes em seu trabalho. Os outros tinham que lhes pedir algo. Mas agora eles estão sozinhos em seu apartamento. Ninguém pergunta por eles, ninguém quer seus conselhos. Eles se sentem inúteis e sozinhos. Entram em pânico quando pensam que terão que viver sozinhos em seu apartamento pelos próximos vinte ou trinta anos sem que ninguém pergunte ou cuide deles. Muitas vezes, também não têm família com quem possam fazer algo, nem netos que injetam vida nova em seu dia a dia e amolecem e aquecem seu coração endurecido.

Até agora, concentrei-me em pessoas solteiras que sofrem de solidão. Mas também existe solidão em uma parceria. Falamos então da solidão conjugal. Vocês moram um ao lado do outro, mas se sentem sozinhos. Vocês não têm mais uma linguagem que alcance a outra pessoa. Não conseguem mais compartilhar com a outra pessoa o que realmente os comove. Então, alguns se refugiam na solidão por medo de serem magoados e decepcionados repetidas vezes e se tornam solitários no meio do relacionamento. A solidão interior geralmente é escondida, "um destino que, muitas vezes, recai sobre as mulheres amorosas que nunca conseguem admitir para o parceiro que estão sofrendo com sua natureza fria e intelectual ou emocionalmente estéril e que estão literalmente morrendo de fome no gelo do casamento porque seus sentimentos não são mais nutridos. A seriedade dessa solidão consiste, então, em uma desistência interior de toda esperança", escreve o psicanalista e psicólogo social Tobias Brocher.

Como as pessoas estão envelhecendo cada vez mais hoje em dia, a solidão nos relacionamentos aumenta, especialmente na velhice. Enquanto trabalhavam, cada um tinha seu próprio espaço em que estava no comando, um espaço que podia ser organizado por eles mesmos. O convívio em casa era um bom refúgio para o qual sempre podiam voltar depois de um dia de muito trabalho. Mas agora que vocês estão sempre juntos, não sabem mais sobre o que falar juntos. Assim, vocês vivem lado a lado e todos se sentem terrivelmente solitários. Para escapar dessa solidão triste, algumas pessoas se refugiam no álcool; outras, em relacionamentos sexuais ou até mesmo na piedade. A espiritualidade pode ser uma ajuda para lidar melhor com a solidão em um relacionamento.

Mas há, também, outro tipo de piedade que pode substituir o amor, como aponta a autora Waltraut Schmitz-Bunse. Para ela, no entanto, essa piedade não melhora a vida, pois é extremamente restritiva: "Essa piedade tacanha que faz você se sentir sufocado. Essa solidão criada por você mesmo! Ela é infrutífera porque só aprecia e lamenta suas próprias decepções, mas é incapaz de reconhecer a solidão e a desolação dos outros para ter misericórdia deles" (Schmitz-Bunse, p. 221).

A solidão vivida por pessoas que tinham uma parceria feliz e cujo parceiro faleceu é especialmente dolorosa. De repente, elas não podem mais contar ao parceiro como foi seu dia, o que as emocionou, o que vivenciaram. De repente, estão sozinhas com seu amor e com o desejo de expressar esse amor. É como se um pedaço de seu próprio coração tivesse sido arrancado. A dor de estar sozinho é então agravada pela experiência dolorosa de ser evitado pelos amigos. Eles não querem ter nada a ver com a dor. Eles deixam a outra pessoa sozinha em sua dor, querem continuar vivendo sem enfrentá-la em sua triste solidão e sem se envolver com ela. Porque, nesse caso, elas seriam confrontadas com seu próprio medo de ficarem sozinhas.

Outros são abandonados pelo parceiro porque se afastaram ou porque se apaixonaram por outra pessoa. Também nesse caso, muitas vezes, a solidão se torna insuportável para alguns homens e mulheres. A solidão é caracterizada por constantes monólogos. Estes giram em torno do parceiro por quem você tem amor, mas por quem se sente profundamente magoado. Ou giram em torno de seus sentimentos de culpa: O que eu fiz de errado para que a outra pessoa me deixasse? Será que sou amável ou capaz de amar? Eles duvidam de si mesmos e se sentem sozinhos; sozinhos com sua dor, com sua raiva e com seu amor.

Pessoas em posição de liderança e conselheiros pastorais experimentam sua própria forma de solidão. Os chefes querem ter um bom contato com seus funcionários. Mas sentem que o relacionamento com seus colegas mudou desde que assumiram o cargo de liderança. Outros sentem que é solitário assumir a responsabilidade por tantas pessoas. Muitas vezes não é possível compartilhar isso com os outros nem conversar com eles sobre o assunto. Mesmo que tente adotar um estilo de gestão comunal, ainda assim há decisões que você precisa tomar sozinho. Os conselheiros pastorais têm a mesma experiência. Eles dão todo cuidado aos outros. Celebram cultos na igreja, onde recebem aprovação. Mas quando voltam para casa, sentem-se sozinhos. Não conseguem falar com ninguém sobre seus sentimentos e medos. E não recebem nenhum apoio espiritual de um grupo. Certa vez, um padre me disse: "Eu abençoei tantas pessoas, mas quem me abençoa?" Muitos padres se sentem da mesma forma. Eles fazem muito pelos outros. Mas, quando eles mesmos precisam de ajuda, não têm ninguém. Se a missa tocou a todos, eles não podem falar com ninguém sobre isso à noite nem compartilhar suas experiências espirituais com ninguém.

O escritor americano Thomas Wolfe descobriu que a solidão é, em última análise, a causa de insatisfação e reclamações: "Acredito que todos sofrem da mesma coisa. A causa final de suas queixas é a solidão" (*apud* Schütz, p. 275). Mas há diferentes formas de solidão. O poema de Hermann Hesse se refere à existência humana como estar sozinho: "Viver significa estar sozinho. Ninguém conhece mais ninguém, todos estão sozinhos" (*apud* Schütz, p. 275). O homem, como ser humano, está sozinho. A solidão faz parte de sua natureza. O jesuíta e filósofo Johannes Baptist Lotz distingue essa solidão fundamental do isolamento. Quando as pessoas reclamam que se sentem solitárias, elas estão isoladas. A solidão atormenta muitas pessoas atualmente. As pessoas solitárias geralmente se sentem tristes, às vezes deprimidas e desamparadas.

Há muitos textos e poemas sobre solidão e solitude. A tristeza geralmente predomina neles. Neste livro, gostaria de descrever os aspectos positivos de estar sozinho e da solidão. O livro trata da arte de estar sozinho de uma forma positiva. Trata da pergunta de como posso suportar a solidão dolorosa para que ela se transforme lentamente em uma solidão positiva. Também quero mostrar maneiras de lidar bem com a solidão, que é uma parte inevitável de minha vida.

Gostaria de começar compartilhando algumas ideias de psicólogos e filósofos sobre solidão e estar sozinho. Eles mostram como usamos as palavras "solidão" e "solitude" e que ambas têm aspectos positivos e negativos.

Solitude e solidão

Muitas vezes usamos as palavras "solitude" e "solidão" como sinônimos. Mas solitude tem mais a ver com a situação externa de estar sozinho. A solidão, por outro lado, expressa mais um estado de espírito. Eu me sinto solitário. Entretanto, muitas pessoas também dizem: *I feel alone* (Eu me sinto sozinho). Em nossa linguagem coloquial, nem sempre fazemos uma distinção entre solitude e solidão. No entanto, existe uma diferença entre esses dois termos. O psiquiatra de Munique, Fritz Riemann, descreve a diferença da seguinte forma: "Acredito que todos nós já estivemos sozinhos em algum momento sem nos sentirmos solitários, talvez até tenhamos buscado a solitude para nos concentrarmos em algo sem sermos perturbados e distraídos, para estarmos sozinhos conosco mesmos sem nos sentirmos solitários? E provavelmente todos nós conhecemos a outra experiência de estarmos na companhia de outras pessoas e ainda assim nos sentirmos solitários – por exemplo, porque as pessoas ao nosso redor eram estranhas ou indiferentes ou porque algo indescritível nos separava, como uma parede de vidro invisível" (Riemann, p. 24). Portanto, pode-se dizer que solitude é um estado, e a solidão, um sentimento. Mas a solidão também pode ser vista de maneiras diferentes. Ela não é apenas um sentimento negativo de dor e de tristeza, mas também expressa um estado de espírito como parte essencial de uma pessoa e que pode ser uma oportunidade de perceber o segredo da própria existência.

O filósofo Johannes Baptist Lotz acredita que há diferentes tipos de solidão, a saber, "uma solidão estimulante e uma solidão atormentadora, uma solidão fertilizante e uma solidão destrutiva". Em sua opinião, "seria útil estabelecer uma distinção terminológica entre essas duas formas de solidão; caso contrário, às vezes, acabamos usando formulações que são insuportáveis. A palavra 'solitude' deveria ser reservada para a forma positiva à qual acabamos de nos referir; a outra palavra, por sua vez, 'solidão', deveria ser usada apenas para a forma negativa" (Lotz, p. 31). Para ele, a diferença decisiva entre solidão e isolamento se refere à capacidade de se relacionar. A pessoa solitária está em um relacionamento consigo mesma e, portanto, também é capaz de se relacionar com outra pessoa. O isolamento, por outro lado, "interrompe sua unidade viva com o outro; a pessoa é jogada num vácuo, por assim dizer, e definha nele" (Lotz, p. 32). Talvez seja útil descrever a solidão negativa como isolamento.

No entanto, sugiro ater-nos ao que Fritz Riemann descreve sobre os aspectos positivos e negativos da solidão. Ele pergunta qual é o aspecto verdadeiramente deprimente da solidão. E responde: "Acima de tudo, provavelmente, é a sensação da ausência total de segurança, de estarmos inteiramente sozinhos: ninguém fala conosco, não temos ninguém a quem recorrer; não sentimos nada além de um vazio ao nosso redor, um vazio aparentemente sem esperança e terrível, e somos tomados por um medo vago e indefinido que muitas vezes expressamos dizendo: 'O teto está caindo sobre minha cabeça ou: 'Sinto-me abandonado por Deus e pelo mundo inteiro'" (Riemann, p. 25).

O psicoterapeuta americano Irvin D. Yalom, fundador da terapia existencial, acredita que um dos quatro problemas que toda pessoa precisa enfrentar é a solidão. Ele faz uma distinção entre isolamento interpessoal e intrapessoal. O primeiro refere-se ao sentimento de solidão. Você se sente isolado dos outros e sofre com a falta de relacionamentos. Essa é a solidão da qual normalmente falamos. Mas Yalom reconhece um segundo tipo de solidão, o isolamento intrapessoal. Essa expressão se refere à incapacidade de estabelecer uma conexão entre as diferentes áreas dentro de si mesmo. Você se sente fragmentado por dentro. As diferentes necessidades e metas dentro de mim avançam em direções diferentes. Não consigo juntá-las.

Muitas vezes, o sentimento de solidão está ligado ao isolamento intrapessoal: como não consigo estabelecer um relacionamento comigo mesmo, também não consigo estabelecer um relacionamento com outras pessoas. Superar o isolamento intrapessoal é uma tarefa espiritual. Em vez de separar da minha consciência aquilo que é desagradável, eu ofereço tudo que surge em mim a Deus. Quando tudo em mim é permeado pelo amor de Deus, eu também me torno um com tudo que reprimi até agora. O Padre do Deserto Evagrius Ponticus estruturou sua mística sobre tornar-se um de tal forma que primeiro precisamos lidar com todas as nossas paixões e todos os nossos lados sombrios e integrá-los em nossa existência antes de nos tornarmos um com Deus. A experiência da união com Deus leva, então, tanto à unidade interna das forças psíquicas quanto à experiência da união com outras pessoas. Aqueles que experimentam a união com Deus também experimentam as forças divergentes dentro de si mesmos como estando em harmonia uns com os outros. E eles se tornam capazes de se relacionar.

Nem sempre a solidão precisa ser vivenciada de forma negativa. Ela também pode ser uma fonte de criatividade ou um caminho para a verdade pessoal. É por isso que o filósofo e ensaísta Odo Marquard acredita: "O que nos aflige, atormenta e maltrata nos tempos modernos não é a solidão, mas a perda da capacidade de ficarmos sozinhos: o enfraquecimento da força de ficar sozinho, de suportar o isolamento, o definhamento da arte de viver, de experimentar a solidão de forma positiva" (*apud* Schütz, p. 277). Portanto, muitos filósofos e teólogos consideram a solidão como algo que é parte essencial do homem. Mas a solidão só se torna proveitosa para nós se a aceitarmos. Então podemos dizer com Nietzsche: "Aquele que conhece a solidão última conhece as coisas últimas" (*apud* Schütz, p. 279). A solidão nos coloca em contato com os mistérios supremos de nossa existência. O ex-secretário-geral sueco das Nações Unidas, Dag Hammarskjöld, via a solidão como seu maior desafio para descobrir sua vocação. Por isso, ele deu o conselho: "Reze para que sua solidão se torne um aguilhão, para que você encontre algo pelo qual possa viver e que seja grande o suficiente para que você possa morrer por isso" (*apud* Schütz, p. 281).

Formas e causas da solidão

Muitas pessoas não conseguem ver a solidão de forma tão positiva quanto Nietzsche ou Dag Hammarskjöld. O motivo geralmente se encontra na infância. "Se uma pessoa foi deixada sozinha com frequência e por muito tempo quando era criança antes de aprender a confiar e a ter esperança, mais tarde ela poderá vivenciar a solidão de forma igualmente desesperadora e desesperançosa; as primeiras lembranças ainda têm um efeito tão poderoso sobre ela, moldando-a de tal forma que ela entra em pânico se ficar sozinha por qualquer período de tempo", diz o psicólogo Fritz Riemann (Riemann, p. 26). Mas, por outro lado, as pessoas que não tiveram espaço para experimentar coisas por conta própria na infância e que gostam de ficar sozinhas também têm problemas com isso mais tarde. Elas acham que precisam sempre se ocupar com algo.

Uma criança que tem um relacionamento de confiança com seus pais pode se virar bem sozinha, mesmo depois de adulta. Entretanto, se, por exemplo, a mãe de uma criança sempre fez tudo por ela quando era pequena, ela também precisará ter alguém por perto o tempo todo mais tarde. Se estiver sozinha, ficará entediada. A solidão é vivenciada de forma negativa se você ainda se sente dependente de outras pessoas que moldam sua vida, que lhe dão tudo que você precisa, como acontecia quando ainda era criança. O filósofo Arthur Schopenhauer acredita, portanto, que os jovens devem se dedicar à tarefa de "aprender a suportar a solidão porque ela é uma fonte de felicidade e paz de espírito" (*apud* Riemann, p. 28). O aprendizado começa na infância: "Uma criança saudável sempre tem uma necessidade de ficar sozinha de vez em quando, de ser entregue à sua própria sorte, e a incapacidade de se ocupar sozinha já é um indício de um distúrbio de desenvolvimento" (Riemann, p. 29). As crianças gostam de brincar sozinhas. Elas desenvolvem sua criatividade por meio de brincadeiras. Voltam sua atenção para as coisas com prazer e interesse. Esse é o prerrequisito para, mais tarde e já sendo adulto, conseguir vivenciar a solidão como um lugar em que você pode refletir e se dedicar a algo com amor e entrega.

Em minhas conversas, encontro com frequência mulheres que foram deixadas sozinhas desde cedo, seja porque tiveram que ser internadas por causa de alguma doença ou porque a mãe não pôde ficar perto delas. Essas mulheres passam a vida inteira procurando uma mãe substituta. Geralmente, buscam a companhia de mulheres mais velhas. Elas não conseguem ficar sozinhas. Porque ficar a sós faz com que a antiga ferida da infância se abra novamente. No entanto, muitas vezes, elas acabam ficando com mulheres que, como sua mãe, têm um comportamento ambivalente. Elas anseiam por essa mãe substituta, mas, ao mesmo tempo, são rejeitadas repctidas vezes. O tema de terem ficado sozinhas na infância percorre toda a sua vida. E não haverá transformação se a mulher não olhar para a ferida profunda da infância e não se reconciliar com ela, descobrindo a maternidade em si mesma que lhe dá segurança e amor.

Para mim, isto é uma descoberta importante da psicologia: somente aqueles que são capazes de se render, de se envolver com algo ou alguém e de se esquecer de si mesmos no processo conseguem lidar bem com a solidão. Nesses momentos, estou completamente comigo mesmo. Não sinto solidão. Estou em um relacionamento. É assim também que o terapeuta Fritz Riemann vê a situação. O prerrequisito para aceitar a solidão e moldá-la é a "capacidade de desfrutar de algo, de fazer algo com prazer e amor, de amar algo" (Riemann, p. 30). O maior inimigo dessa capacidade é a "inércia do coração": só giramos em torno de nós mesmos de forma egocêntrica. Perdemos a capacidade de nos entregar.

Essa entrega pode ser a uma pessoa, a uma coisa ou, em última análise, a Deus. A solidão é o lugar em que podemos "alcançar aquilo que chamamos de Deus, o fundamento cósmico do ser ou a solidão mística" (Riemann, p. 33). Se buscarmos superar a solidão nesse sentido espiritual, ela se tornará proveitosa para nós. Riemann escreve sobre o resultado dessas solidões acolhidas: "Então, podemos emergir da solidão mais humildes e mais humanos, podemos começar a abrir mão de algumas coisas que acreditávamos necessário ter ou buscar e, assim, podemos nos tornar mais essenciais" (Riemann, p. 32).

Existe ainda outro tipo de solidão: você se sente solitário "porque o mundo não é como deveria ser" (Binder, p. 99). Com frequência, vejo como, em sua solidão, as pessoas se desesperam com o mundo. Elas não conseguem suportar o fato de que existem guerras, de que as mídias noticiam massacres e crimes violentos.

Não conseguem suportar a injustiça do mundo financeiro. Elas se sentem excluídas do mundo. Não querem ter nada a ver com ele. Sentem-se solitárias em um mundo cada vez mais inóspito. Geralmente, as pessoas que não suportam a realidade são muito sensíveis. Mas elas também precisam aceitar este mundo com toda a humildade, despedindo-se do sentimento onipotente de que posso mudar o mundo de acordo com minhas ideias. Só posso fazer o que está em minhas mãos. Mas preciso aceitar o fato de que o mundo não é como eu gostaria que fosse. Este mundo é meu lar. Se eu resistir a tudo que encontrar nele, eu me sentirei realmente solitário, sozinho em um mundo hostil.

Experiências de solidão na infância e na juventude

A pedagoga e jornalista Helga Levend concentrou seu trabalho principalmente na solidão dos jovens. Ela percebeu que muitos deles sofrem com a solidão. Por exemplo, eles se sentem solitários como estudantes em uma cidade estrangeira. Não conseguem encontrar amigos com quem possam se relacionar pessoalmente. Os contatos permanecem superficiais. Pesquisas sobre solidão nos Estados Unidos e na Alemanha descobriram que cerca de 25% das pessoas se sentem solitárias com frequência. E isso inclui mais jovens do que pessoas mais velhas (cf. Levend, p. 17). Muitos vivenciam sua solidão e seu sentimento de solidão como um estigma.

A teóloga protestante Dorothee Sölle descreve a experiência dolorosa de repentinamente se sentir excluído: "A solidão nos isola dos outros, nos enfraquece, destrói nossa possibilidade de autoexpressão; estar sozinho nos rouba a coragem e a força, mas o pior de tudo é o ridículo ao qual, inevitavelmente, ficamos expostos" (*apud* Levend, p. 25).

Geralmente, os sentimentos de solidão têm suas raízes na infância. Quando aprendemos a lidar com isso, não devemos culpar nossos pais, mas olhar para nossa biografia e reconciliar-nos com ela. Assim, o sentimento de solidão também pode mudar. Algumas pessoas que, quando crianças vivenciaram a separação dos pais, têm medo de ficar sozinhas. Muitas vezes, elas se culpam por isso. Embora desejem relacionamento e amizade, têm medo de se envolver. Afinal, elas podem ser abandonadas novamente. Outras abandonam seus parceiros repetidas vezes para não precisarem sofrer a humilhação de serem abandonadas. Para não serem machucadas, machucam os outros.

Às vezes, o medo de abandono tem suas raízes na época em que a criança ainda estava no útero, onde percebeu os conflitos entre os pais ou os medos, a dor e as tensões da mãe. "O psicanalista Tilman Moser acredita que as memórias negativas do período pré-natal vagueiam como fantasmas inquietos em nosso inconsciente, apenas esperando a hora certa para se manifestar; elas podem se manifestar em distúrbios psicossomáticos e depressão; podem bloquear nossa capacidade de criar laços, nossa capacidade de amar e nossa compaixão pelos outros" (Levend, p. 34). A criança tem outras experiências de solidão quando chora e ninguém vem ver como ela está. Helga Levend conta a história de uma jovem mulher. Ela se sentiu culpada quando sua avó, que ela amava muito, morreu. Na época, não permitiam que ela a visitasse. Hoje pensa: "Ela não voltará porque não lhe dei um beijo de despedida". Portanto, em todo relacionamento, sempre tem medo de perder algo e, assim, ser culpada pelo fracasso do relacionamento (cf. Levend, p. 41s.).

No entanto, quando as crianças se sentem solitárias elas desenvolvem rituais que dissipam o sentimento de solidão. Elas beijam seu ursinho de pelúcia favorito ou se cobrem com seus cobertores. Esses chamados objetos transicionais (Winnicott) substituem a presença da mãe. Assim, as crianças não se sentem sozinhas. Se a criança tiver aprendido desde cedo a lidar bem com as experiências de solidão e se tiver experimentado uma sensação básica de segurança com seus pais, ela também superará os sentimentos de solidão quando for adulta. É fundamental que também consigam construir um vínculo de compaixão consigo mesmas por meio de experiências de segurança positivas. Aquelas que não conseguem fazer isso tentam esconder suas fraquezas dos outros. Mas assim não conseguem desenvolver bons relacionamentos. Independentemente de como foi nossa infância, em algum momento precisamos reconciliar-nos com ela e lidar com os ferimentos e déficits. Caso contrário, repetiremos as velhas situações de ficarmos sozinhos e de nos sentirmos solitários.

Sentimentos de solidão têm um direito de existir. Não devemos "julgá-los negativamente. Essa é a única maneira de evitar que eles nos dominem por completo, paralisando completamente nossas habilidades sociais, nossa necessidade de afeto e nossas capacidades de vinculação" (Levend, p. 53).

A caminho da idade adulta, a solidão se manifesta de várias maneiras. Em primeiro lugar, pode surgir a sensação de não ser necessário no mundo. Quando as tentativas de conseguir um emprego fracassam, você se sente supérfluo. Depois, há também o medo frequente de falar sobre sua solidão. Você se sente muito vulnerável em sua solidão. Tem vergonha de admitir que se sente solitário. Se os outros realmente não o ouvirem, você não conseguirá suportar. Geralmente, o medo está associado à falta de autoestima. Não confiamos em nós mesmos para fazer muitas coisas. Pois, se cometermos um erro, nós nos sentiremos rotulados pelas pessoas ao nosso redor. Muitas vezes, trata-se, também, de uma solidão interior, da sensação de não estarmos em um relacionamento conosco mesmos. Como resultado, somos incapazes de reconhecer ou aceitar com gratidão a atenção que recebemos: "É como se eles tivessem construído um muro invisível entre eles e seu ambiente. O interesse, o elogio ou a afirmação que recebem dos outros respinga deles como a água da chuva em um vidro. Por timidez ou medo de sofrer uma decepção, preferem ficar sozinhos, isolando-se socialmente" (Levend, p. 75).

Solidão e solitude na Bíblia

A Bíblia fala com frequência sobre a solitude. Há a declaração de Deus na narrativa da criação: "Não é bom que o ser humano esteja só. Vou fazer-lhe uma auxiliar que lhe corresponda" (Gn 2,18). Com frequência, essa frase tem sido interpretada como se o homem não conseguisse viver sem uma mulher e vice-versa. Entretanto, o significado é diferente: "Não é bom que o homem seja um ser isolado" (Uhsadel, p. 149). Pois, na Bíblia, como consequência dessa afirmação, a princípio, Deus não criou a mulher, mas "formou da terra todos os animais selvagens e todas as aves do céu, e os trouxe ao ser humano para ver como os chamaria" (Gn 2,19). O homem precisa se relacionar com os outros.

Inicialmente, é com os animais com os quais ele estabelece um relacionamento por meio dos nomes que lhes dá. Antes de criar os animais, Deus havia colocado o homem no jardim "para que o cultivasse e guardasse" (Gn 2,15). Mas o trabalho por si só não satisfaz o homem. Para ser plenamente humano, ele precisa de um relacionamento. Assim, Deus cria primeiro os animais. Mas o homem não encontra neles nenhuma ajuda que o satisfaça. Então, Deus forma a mulher a partir da costela do homem. Somente ela pode ser uma contraparte real do homem. Somente nela ele descobre o segredo do relacionamento e do amor necessário para ter uma vida bem-sucedida. Nela, o homem reconhece: "Desta vez sim, é osso dos meus ossos e carne da minha carne" (Gn 2,23). O homem pode sentir e se tornar um com ela. E só então ele se sente uma pessoa completa, uno consigo mesmo e com a mulher que Deus lhe deu como companheira.

O cético professor de sabedoria Qohelet também mostra em seu livro bíblico Eclesiastes que as pessoas dependem umas das outras: "Melhor dois juntos do que um só, pois conseguirão melhor pagar por seu trabalho. Se cai um, o outro pode levantá-lo. Pobre daquele que está só: se cair, não tem quem o levante. Além disso, se dois dormirem juntos, um aquece o outro; mas um só como irá se aquecer? Se a um sozinho dominam, dois juntos resistirão; a corda tripla não se rompe facilmente" (Ecl 4,9-12). Quatro perigos da solidão são descritos aqui. Primeiro: é difícil desfrutar sozinho da minha felicidade. Alegria e felicidade precisam ser compartilhadas. É claro que também existe uma alegria interior que não depende de outras pessoas. Mas sentimos a necessidade não apenas de olhar para as coisas boas que vivenciamos com gratidão, mas também de compartilhá-las com alguém, seja um ser humano ou Deus. Há uma piada judaica que ilustra isso. Um rabino judeu joga golfe no sábado porque não consegue resistir ao belo campo de golfe em frente a seu hotel. E ele faz uma jogada fantástica em sua primeira tacada. Ao voltar para casa, diz para si mesmo: "Deus até me recompensou e não me puniu, como meu professor sempre me disse, caso eu quebrasse o mandamento do sábado". Mas então Deus lhe responde: "Mas a quem você poderá contar sua façanha?". Esse é o maior castigo para ele, o fato de não poder contar a ninguém a jogada maravilhosa que fez.

Em segundo lugar, quando uma pessoa cai, ela precisa de alguém para ajudá-la a se levantar. Não é fácil levantar-se sozinho. Isso não se aplica apenas à queda física, mas também ao fracasso no trabalho ou em um relacionamento, como também à queda da fama para a anonimidade ou do reconhecimento para a rejeição. Preciso de pessoas que me apoiem, que fiquem do meu lado, que não me deixem cair.

O terceiro perigo é que você não consegue se aquecer quando dorme sozinho. Preciso de outra pessoa para me aquecer por dentro, não apenas quando durmo, mas também quando estou descansando. Se eu estiver sozinho em minha casa e não tiver nada para fazer, pode ser fácil sentir um frio ao meu redor. Essa frase também pode ser entendida metaforicamente: preciso de um relacionamento com uma pessoa ou com Deus para sentir calor dentro de mim. Sem um relacionamento a vida se torna fria.

E o quarto perigo: se alguém me atacar, fico desamparado. Preciso de outras pessoas que me apoiem. Especialmente quando sou exposto a intrigas ou à intimidação entre colegas, em um clube ou em um partido político, preciso de alguém que me ajude a não ser atacado ou afetado pelos pensamentos negativos dos outros.

A Bíblia conhece também o lamento da solidão. Mas o homem sempre dirige esse lamento a Deus. Ao se voltar para Deus, a solidão se torna suportável. A Rainha Ester, por exemplo, em seu medo da morte, em que se sente sozinha à mercê de seus inimigos, se volta para Deus e ora: "Senhor, nosso Rei, Tu és o único. Ajuda-me! Pois estou sozinha e não tenho outro ajudante além de ti; o perigo está a meu alcance" (Est 4,17). Assim, ela consegue superar seu medo. Não está mais sozinha. Tem um ajudante poderoso: o próprio Deus.

Em seu desespero, o salmista ora: "Fico acordado: tornei-me qual pássaro solitário no telhado" (Sl 102,8). O salmista se sente oprimido por inimigos que zombam dele e lhe desejam mal. Ele sofre com sua solidão, não se sente bem. Sofre com sua solidão, mas pode se voltar para Deus. Assim, seu lamento por causa da solidão se transforma em confiança na ajuda de Deus: "[o SE-

NHOR se volta para a oração dos espoliados e não rejeita sua prece" (Sl 102,18). Encontramos um lamento semelhante em Lamentações. Lá, o adorador diz o seguinte sobre o destino de Jerusalém: "Como está solitária a cidade outrora populosa!" (Lm 1,1). Mas também aqui a lamentação termina na confiança na ajuda do Senhor: "É bom esperar em silêncio a salvação do SENHOR. É bom para o homem carregar o jugo desde a juventude; ficar só e calado, quando o SENHOR sobre ele o impõe" (Lm 3,26-28). O próprio Deus pode impor ao homem a necessidade de sentar-se sozinho e ficar em silêncio porque ele não entende a obra de Deus. Mas esse sentar-se sozinho em silêncio não é desespero, mas uma maneira de compreender lentamente a obra incompreensível de Deus. Aqueles que suportam a solidão acabarão percebendo: "Ainda que cause aflição, ele se compadece com grande misericórdia" (Lm 3,32).

O próprio Jesus – como nos conta especialmente o Evangelista Lucas – procurava repetidamente lugares solitários para orar (cf. Lc 4,42). Antes de chamar seus discípulos, Ele "retirou-se para a montanha a fim de rezar, e passou toda a noite em oração a Deus" (Lc 6,12). Jesus também reza em solidão antes de perguntar aos discípulos quem as pessoas pensam que Ele é (Lc 9,18). Ele busca a solidão para rezar a fim de sentir seu relacionamento com o Pai.

Ele precisa de solidão. Ela é o lugar em que ele se sente unido com o Pai e em que percebe o mistério de sua própria pessoa e de sua missão diante de Deus. Mas, às vezes, ele também se sente solitário no meio dos discípulos porque eles simplesmente não o entendem. Quem descreve isso é, principalmente, o Evangelista Marcos. Jesus garantiu duas vezes de que houvesse pão suficiente para alimentar 5 mil e 4 mil pessoas. Mas, ao atravessar o lago com os discípulos após a segunda multiplicação dos pães, Ele percebe a falta de entendimento deles e lhes diz: "Por que discutis, por não terdes trazido pão? Ainda não entendeis nem compreendeis? Ainda tendes a mente embotada? Tendo olhos, não vedes e tendo ouvidos, não ouvis?" (Mc 8,17-18).

Podemos ouvir nessas palavras seu sofrimento diante do fato de os discípulos não o entenderem. É a solidão do profeta e professor. Jesus tem a sensação de que seu trabalho e ensino foram em vão. Os discípulos estão, por assim dizer, cegos para o que Ele realmente quer transmitir com seu trabalho e suas palavras. Quando Jesus desce do Monte da Transfiguração e encontra os discípulos tentando em vão curar um menino possuído, Ele exclama: "Ó gente incrédula, até quando estarei convosco? Até quando terei de suportar-vos? Trazei-o aqui?" (Mc 9,19). Ele está no meio de seu círculo de discípulos, mas se sente sozinho, incompreendido e decepcionado. A decepção é, muitas vezes, o motivo pelo qual nos sentimos solitários. Temos a impressão de que não estamos alcançando os outros.

A solidão de Jesus culmina em seu grito na cruz: "Deus meu, Deus meu, por que me abandonaste?" (Mc 15,34). Na solidão da cruz, ele se sente abandonado por seus discípulos, que fugiram quando Ele foi capturado. E Ele também se sente abandonado por Deus. Em sua missão, Ele proclamou as boas-novas do Reino de Deus, que se aproximou de nós. Mas as pessoas não o entenderam. E agora Deus parece tê-lo abandonado também. Ele não o ajudou a escapar da cruz. Mas Jesus ainda assim se volta para Ele em sua solidão e abandono. E assim o sentimento de abandono se transforma em confiança. Pois as palavras que Jesus diz na cruz são uma citação do Salmo 22: "Anunciarei teu nome aos meus irmãos, hei de louvar-te no meio da assembleia [...] Porque Ele não desprezou nem desdenhou o aflito em sua aflição, nem lhe ocultou sua face, mas ouviu-o, quando lhe gritou por socorro" (Sl 22,23.25). Jesus nos mostra uma maneira de lidar com nossos sentimentos de solidão, de não sermos compreendidos, de sermos abandonados. Todos esses sentimentos são permitidos. Mas devemos expressá-los diante de Deus e nos apresentar a Ele em nossa solidão. Assim, a solidão pode se transformar em confiança. Em nossa solidão também podemos olhar para Jesus na cruz. Assim, não nos sentiremos sozinhos. Então, temos parte nele, que venceu toda a solidão.

No Evangelho de João, Jesus fala duas vezes sobre o fato de que Deus não o deixou sozinho. Em suas conversas com os judeus, Ele se depara com uma falta de compreensão. No entanto, essas disputas são, ao mesmo tempo, conversas conosco hoje. Muitas vezes nós também não entendemos Jesus. Mas, no Evangelho de João, Ele não parece sofrer com isso. Ele diz: "Quem me enviou está comigo. Não me deixou sozinho, pois faço sempre o que é do seu agrado" (Jo 8,29). Mesmo que as pessoas o deixem sozinho, Deus está sempre com Ele. Aqui, Ele está sozinho em meio àqueles a quem deseja proclamar sua mensagem. Antes de sua paixão, Jesus experimenta um tipo diferente de solidão: a solidão em meio aos seus discípulos de confiança. Eles o deixam sozinho durante sua paixão: "Pois está chegando a hora, e ela já veio, em que vos dispersareis, cada um para seu lado, e me deixareis sozinho. Mas eu não estou sozinho, porque o Pai está comigo" (Jo 16,32). A maneira como Jesus lida com o fato de ser abandonado é um modelo para nós. Assim como nós, Ele experimentou a solidão repetidas vezes e foi abandonado pelos amigos. Isso dói. Não podemos ignorar a dor.

Mas podemos sempre saber: Deus está conosco. Muitas vezes, isso não é consolo suficiente para nós. Jesus tinha uma conexão tão profunda com o Pai que essa unidade com Ele o ajudou a superar todas as decepções e abandonos humanos. No Evangelho de João, Jesus nos promete que estamos nele e que Ele está em nós. E, a partir dessa união, somos capazes de experimentar a solidão como um lugar dessa união com Deus, assim como Jesus a experimentou. Pois o próprio Jesus e o Pai habitam em nós, como Ele nos promete: "Se alguém me ama, guarda minha palavra; meu Pai o amará, viremos a Ele e nele faremos morada" (Jo 14,23). Se deixarmos essa palavra cair em nosso coração e acreditarmos nela, a solidão entre as pessoas não nos derrubará. Em meio à solidão, somos interiormente apoiados por Deus. Não estamos sozinhos. Deus está conosco e dentro de nós.

A arte de ficar sozinho

Com base na descrição da solidão e nas palavras bíblicas sobre ela, gostaria de mostrar algumas maneiras que lhe permitirão ficar sozinho consigo mesmo. Às vezes, gostamos de ficar a sós conosco mesmos. Por exemplo, quando dou um curso, mal consigo esperar para passar um tempo sozinho na tarde de domingo. Minha necessidade de comunicação está satisfeita e agora quero ficar sozinho. Vivo em uma comunidade monástica. Nós nos reunimos cinco vezes por dia para rezar juntos e três vezes para as refeições. No trabalho, estou constantemente em contato com meus confrades, funcionários e outras pessoas. Não vejo a hora de ficar sozinho em minha cela no mosteiro. Mas, para mim, ficar sozinho não significa não fazer nada. Pelo contrário, posso ler e meditar em minha cela e tenho tempo para escrever. Nesse sentido, é uma solidão gratificante. Todo mundo conhece momentos assim. Se você tem bons relacionamentos e está sempre em contato com as pessoas, sua alma precisa ficar sozinha. Nós não sofremos com essa solidão. Mas eu também gostaria de falar sobre como lidar com a experiência negativa de estar sozinho.

Sinta a tristeza de sua solidão

Às vezes, também me sinto sozinho. Tenho a impressão de que os outros não me entendem. Ou sempre querem algo de mim. Mas ninguém se importa com o que estou sentindo. Então, sinto a necessidade de estar perto das pessoas que amo. Mas, nessas situações, não ligo para um amigo. Conscientemente, suporto a solidão e a enfrento. Sinto meu corpo e percebo onde está localizada essa tristeza causada pela minha solidão. Geralmente a localizo na região do peito. Em seguida, entro nessa tristeza com minha consciência e a reconheço.

Eu a permito. Posso sentir o que estou sentindo. Digo a mim mesmo: "Sim, minha necessidade de ser compreendido, de estar perto de alguém, não está sendo atendida neste momento. Permaneço sozinho com meus pensamentos e sentimentos. Quando preciso de alguém, não encontro ninguém. Todos querem algo de mim. Mas ninguém pergunta como estou me sentindo". Esses e outros pensamentos semelhantes surgem em mim. Eu os permito e não os proíbo. Mas eu atravesso esses pensamentos e essa dor até chegar o fundo da minha alma. E lá eu acredito – e já experimentei isso muitas vezes em meditação – que há um espaço de silêncio dentro de mim. Lá, no fundo de minha alma, Deus habita em mim. Lá estou em harmonia comigo mesmo, entro em contato com a imagem original e não adulterada que Deus fez de mim.

Quando estou em harmonia comigo mesmo dessa forma, não sofro com minha tristeza. Pelo contrário: a tristeza me leva ao fundo de minha alma. Ela dá ao meu coração um sabor próprio, um sabor agridoce que consigo apreciar. E sei que, se Deus vive em mim, então o mistério vive em mim. Pois não posso entender Deus. Ele é – como Karl Rahner disse várias vezes – o mistério incompreensível. Em momentos como esse, lembro-me de que a língua alemã combina as três palavras *Heim* [lar], *Heimat* [pátria] e *Geheimnis* [mistério]: "Você só pode estar em casa onde habita o mistério". Lá, no fundo de minha alma, estou em casa comigo mesmo.

A tristeza causada pela minha solidão também tem outro significado: ela dissolve as ilusões que eu tinha sobre a vida. Essas ilusões incluem o desejo de eu ser bem-visto a cada momento e em toda parte, de ter amigos suficientes que sempre me apoiam. Nesse momento em que estou sozinho, não tenho ninguém. E isso é algo que preciso suportar.

Mas então percebo que a solitude é uma parte minha essencial como monge. E quando deixo de lado minhas ilusões, eu me abro para Deus. Então, minha solitude me leva a Deus. Posso dizer com Jesus: "Não estou sozinho. Meu Pai está comigo". Na dolorosa situação da solidão, de repente, essa palavra assume um significado existencial. Tento deixá-la cair em mim, para saboreá-la e degustá-la. Então, ela me dá uma sensação de segurança e de lar, e minha solidão se transforma em abertura para Deus. Ela se torna uma oração a Deus. Nessa oração, ouço sua promessa de que Ele está comigo e nunca me deixará sozinho. Quando absorvo essa palavra, sinto-me seguro em Deus e carregado por Ele. Então, imagino que seu amor me envolve e me permeia. Quando me percebo com essa imagem, percebo-me intensamente. É uma experiência linda e ao mesmo tempo profunda de mim mesmo e, em última análise, uma experiência de Deus.

Não sofro com minha solidão. Somente às vezes sinto a tristeza de estar sozinho. Mas a pergunta que permanece é como uma mulher, por exemplo, consegue lidar com a solidão que sente no casamento. Ela tem a sensação de que não consegue mais falar com o marido. Ela sofre com a frieza emocional dele ou com sua tendência de olhar apenas para fora e ver o sucesso como meta de sua vida. Ele nem mesmo percebe que a comunicação com a esposa foi interrompida, que eles não conseguem mais falar sobre seus sentimentos e seu relacionamento. Aqui, também, o primeiro passo é lamentar a situação como ela é, admitindo para si mesmo que você tinha outras ideias sobre o relacionamento. Mas elas não se concretizaram. Muitas vezes, ficamos nos lamentando por causa dessas expectativas que não se cumpriram. Mas, no final das contas, reclamar não nos leva a lugar algum. O luto, por outro lado, nos leva ao espaço interno que se encontra sob a solidão, a decepção, a amargura e a desesperança. Chego ao espaço do silêncio no fundo de minha alma. Lá eu sou completamente eu mesmo. Ali sinto que não sou apenas um cônjuge, mas uma imagem única de Deus. Entro em contato com a fonte de amor que jorra no fundo da minha alma. E ninguém pode tirar esse amor de mim. Até decepção de um amor perdido pode fazer com que eu entre em contato com essa fonte interior. Somente quando tiver lamentado sua solidão, você poderá conversar com seu parceiro de forma que isso não se torne uma acusação, mas um convite para começar a conversar novamente. Assim, falarei sobre meus próprios sentimentos sem medo de ser magoado novamente.

Assumo meus sentimentos. O psicoterapeuta Tobias Brocher diz: "A solidão em um casamento se torna tanto mais insuportável quanto mais tempo ela precisa ser suportada sem ser expressa, porque o vazio interno do relacionamento não pode ser expresso por hábito, por uma suposta necessidade de proteção ou de evitação. Na maioria dos casos, essa discussão aberta não ocorre porque, estranhamente, ambos os parceiros acreditam que já conhecem o outro tão bem que não podem mais esperar nenhuma mudança, o que significaria uma proximidade maior no futuro" (Brocher, p. 170). Se, primeiro, eu lamentar minha situação, meus sonhos de vida destruídos, minha própria incapacidade de me comunicar, poderei explicar meu estado interior a meu parceiro. E, então, talvez, será possível conversar sobre como criar mais proximidade novamente. No entanto, muitas pessoas se retraem cada vez mais na solidão, o que geralmente resulta em doenças. Brocher descreve esse fato da seguinte forma: "Em vez de uma explosão que daria vazão a esses sentimentos de esvaziamento, há uma espécie de implosão – uma explosão para dentro – que pode se manifestar numa depressão quase irreconhecível, em desesperança e, por fim, em uma doença física grave" (Brocher, p. 170).

Assim que você encontra a coragem necessária para lidar com a situação, vocês poderão lamentar juntos o fato de o relacionamento estar como está neste momento. Isso não mudará tudo. Mas, pelo menos, de repente, vocês poderão se sentir próximos novamente, sentir-se vistos e compreendidos. É claro que há parceiros que não respondem a essa oferta para conversar ou que reagem à revelação de meus sentimentos harmonizando ou banalizando tudo, dizendo: "Não é tão ruim assim. Na verdade, está tudo bem entre nós".

Se a tentativa de conversar falha, preciso lamentar isso também. Não fico preso à resignação nem entro em depressão. Geralmente, a depressão é o luto reprimido. Mas o luto pode me levar ao espaço interno do silêncio, em que descubro o potencial de minhas habilidades. Entro em contato comigo mesmo. Sinto que posso fazer algo por mim mesmo. Tento viver o que corresponde ao meu eu interior. Assim, não sofro tanto com a solidão. Eu a aceito como um caminho para o potencial interno de minha alma e para meu lar interior. E talvez então eu floresça. Não me defino mais a partir do relacionamento, mas a partir de mim mesmo, mas sempre na esperança de que uma nova união se torne possível novamente. É bom encarar conscientemente o fato da solidão e visualizá-la: eu sou um com tudo que existe em mim. Estou bem com minha decepção, com minha realidade atual. Gosto de estar sozinho. Não sou apenas o parceiro da outra pessoa. Há outras possibilidades dentro de mim.

Minha alma está cheia de sonhos. Saboreio a riqueza de minha alma na solidão. E me pergunto o que quer florescer dentro de mim. Dessa forma, posso entrar em contato com meu verdadeiro eu, com a imagem única que Deus fez de mim. Essa imagem interior, esse eu verdadeiro, não pode ser prejudicado pelos ferimentos nem pelas ofensas dos outros.

Lamentar a solidão é uma maneira importante de lidar com muitas situações de isolamento, por exemplo, para pessoas idosas solteiras que sempre viveram sozinhas ou que perderam o parceiro após muitos anos de casamento. Elas também não têm escolha a não ser lamentar o fato de terem ficado sozinhas a vida toda ou de estarem sofrendo com a solidão devido à morte do parceiro. Muitos desejos de vida não foram realizados ou foram destruídos.

Isso dói. Mas quando atravesso a dor do luto, encontro o fundo de minha alma em minha dor. E aí percebo quem realmente sou e o que é essencial na vida. Não se trata primeiramente de viver sozinho ou em comunidade, mas de descobrir a imagem única de Deus em mim e de vivê-la, de inscrever meu rastro da vida pessoal neste mundo. Quando aceito minha solidão, minha vida se torna proveitosa para os outros. Talvez eu não tenha muitos encontros. Mas tenho meu carisma. E, independentemente de encontrar muitas ou poucas pessoas, deixo minha própria marca pessoal na vida. Não quero que ela seja um rastro amargo, sombrio, insatisfeito e dilacerado. Quero deixar um rastro de esperança e confiança, um rastro de misericórdia e amor. Quando percebo isso, a solidão se transforma em solitude, o que me leva a meu ser mais íntimo e me impulsiona a inscrever conscientemente o rastro da minha vida pessoal neste mundo.

Interpretações positivas da solitude

Peter Schellenbaum disse certa vez que é maravilhoso estar sozinho. E ele interpreta a palavra *allein* [estar sozinho] a partir de *all-eins* [todo-um]: ser um com tudo e com todos. Para ele, a arte de se tornar humano é transformar o estar sozinho em um ser todo-um. Às vezes, essa interpretação também me ajuda em minha solidão. Imagino que sou um com todas as pessoas no fundo de minha alma. Em primeiro lugar, penso naqueles que estão próximos de mim, meus amigos, meus irmãos. É uma experiência de união que não exige necessariamente uma troca direta. Não preciso ligar para meus irmãos. Sinto-me conectado com eles. Sinto nossa origem comum. Sinto o quanto temos em comum no fundo do nosso coração. E, nessa união, rezo por eles, para que fiquem bem, para que sua vida e sua família sejam abençoadas. Em seguida, penso nas pessoas que me vêm à mente, que desempenharam ou ainda desempenham um papel importante em minha vida.

Sinto-me um também com elas. Então imagino que sou um com todas as pessoas da Terra. O que as comove também me comove. Estamos todos conectados no fundo de nossa alma. Isso amplia meu horizonte: aqui, nesta pequena cela do mosteiro, estou conectado com todas as pessoas. Percebo o que Evagrius Ponticus diz em seu livro *Sobre a oração*: "Um monge é uma pessoa que se separou de tudo e, no entanto, sente-se conectada com tudo. Um monge sabe que é um com todos os homens, pois ele sempre se vê e se encontra em cada homem" (Orações 124 e 125). Essa unidade com todas as pessoas é uma fonte de inspiração para mim. O que eu penso, os outros também pensam. O que escrevo também tocará os outros porque somos um no fundo de nossa alma. Quando faço palestras em outros países, fico muito feliz quando vejo que meus livros são lidos com prazer por pessoas na América do Sul e na Ásia, nos países da Europa Oriental, na França, na Itália e na Espanha. Quando me sinto em harmonia com todas as pessoas quando estou sozinho, percebo que, em última análise, somos movidos por perguntas semelhantes.

E consigo entender por que pessoas de países distantes e de culturas estrangeiras entendem meus pensamentos. Meus pensamentos as colocam em contato com a sabedoria de sua alma. Eles também as levam até o fundo de sua alma, onde somos todos um e estamos conectados. Também relaciono o "todo-um" a Deus. No fundo de minha alma, sou uno com Ele, com a base primordial de todo ser. Essa unidade tem um caráter pessoal e outro suprapessoal. Sinto-me um com Deus, que fala comigo em sua palavra na Bíblia e que agora olha para mim com amor.

Sinto-me um com Jesus Cristo, cujas palavras leio, sobre cujas histórias de cura medito, que agora está em mim, que me faz entrar em contato com meu verdadeiro eu no fundo da minha alma. Mas, em Deus, eu também me sinto um com a fonte do mundo. E, portanto, ser um com Deus é também ser um com toda a criação. Isso também me leva a ser um comigo mesmo, com as diferentes correntes dentro de mim, com minhas contradições, meus pontos fortes, mas também com minhas fraquezas, com o sucesso e o fracasso, e me leva a ser um com minha culpa. Isso não me separa de Deus, mas me abre para Ele.

Mas essa experiência de "ser todo-um" também pode ser útil para aqueles que se sentem solitários e incompreendidos em seus relacionamentos. Eles podem imaginar que estão unidos com muitas pessoas, com seu namorado ou namorada, com seus pais e irmãos, com seus filhos, mas também com todos no mundo inteiro. Isso amplia seu horizonte. Eles não são apenas parceiros de uma pessoa. Eles também estão unidos com todas as pessoas do mundo inteiro. Eles são apoiados por todos, pertencem a todos. E são uns com Deus. Assim, pode ser útil meditar sobre as palavras de Jesus: "[Vós] me deixareis sozinho. Mas eu não estou sozinho, porque o Pai está comigo" (Jo 16,32). Estar sozinho deixa de ser apenas dor, mas se torna uma experiência espiritual profunda: estar em harmonia consigo mesmo e, portanto, em paz consigo mesmo em meio às tensões do relacionamento.

Mas a solitude não se torna uma experiência espiritual por si só. O psicólogo e padre Henri Nouwen se retirou para um mosteiro trapista por sete meses para ficar sozinho. Mas então ele fez a experiência amarga "de que ficar sozinho não leva necessariamente à paz interior e à solitude do coração, mas que isso também pode gerar ressentimento e amargura" (Nouwen, p. 80). Ele se lembrou da época em que havia desistido de seu emprego de professor na Holanda e alugado um quarto na cidade para trabalhar por conta própria. Mas esse período de sua vida foi bastante estressante para ele, pois ninguém o visitava. Ele tinha a sensação de que não era mais necessário. Ninguém perguntava por ele. As pessoas ao seu redor agiam como se ele não existisse mais: "O mais irônico é que eu sempre desejei ficar sozinho para poder trabalhar, mas quando finalmente estava sozinho, não conseguia trabalhar; comecei a ficar mal-humorado, irritado, zangado, cheio de ódio, amargura e queixas" (Nouwen, p. 80).

Assim, ele vê seu tempo no mosteiro trapista como uma oportunidade de se preparar para o momento em que ele não será mais necessário: "Aqui tenho a oportunidade de enfrentar os sentimentos de amargura e hostilidade que surgem em mim e de expô-los como sinais de imaturidade espiritual. Aqui tenho a oportunidade de experimentar a solidão e de perceber, aos poucos, a possibilidade de encontrar Deus, que permanece fiel mesmo quando ninguém mais se importa comigo. Aqui tenho a oportunidade de transformar meus sentimentos de solidão na experiência de uma solitude frutífera e de permitir que Deus entre no vazio do meu coração" (Nouwen, p. 81). Nem para Henri Nouwen, esse homem com uma vida espiritual profunda, ficar sozinho era automaticamente uma experiência bela. Ele teve que a praticar para que ela deixasse de ser um lugar de amargura e se transformasse em um lugar em que o próprio Deus entrasse em seu coração para habitar ali. Só então ele deixou de se sentir sozinho.

O significado existencial e religioso da solidão

Assim como a palavra *allein* [sozinho] pode ter um significado positivo se for entendida como "ser um com tudo", o mesmo se aplica à palavra *Einsamkeit* [solidão). O sufixo alemão *sam* era originalmente uma palavra com um sentido próprio e significava: "concordar com algo, ser coerente, adequado, igual". Portanto, solidão significa: a tendência de ser um ou de concordar com minha unidade interior, de ser um comigo mesmo. Em termos de seu significado original, a solidão é, portanto, algo positivo, algo que pertence ao ser humano. O significado é semelhante ao da união total. Mas aqui o foco não está nas muitas pessoas com as quais me sinto conectado, porém mais em mim mesmo: eu sou um comigo mesmo. Johannes Baptist Lotz entende a solidão como um "retirar-se para dentro de si mesmo", como um "retirar-se para o mistério do ser" (Lotz, p. 39). Essa solidão como contemplação da base mais íntima do ser é a origem de todo encontro: "Essa é a solidão abençoada, feliz e infinitamente enriquecedora que não tem igual e é uma parte indispensável da vida" (Lotz, p. 42). Aqueles que estão alienados de sua própria razão interior também estão alienados das coisas, todas as coisas permanecem alienadas para eles.

Mas posso ver minha solidão sob uma luz positiva, não apenas sob uma perspectiva linguística. Lembro-me de algumas definições e aforismos de teólogos e filósofos. Eles me ajudam a não me queixar da minha solidão, mas a vê-la como algo bom. Em primeiro lugar, temos Paul Tillich. Ele disse que religião é aquilo que cada um faz com sua solidão. Posso me queixar de minha solidão ou aceitá-la como o lugar onde experimento Deus. A religião não é um substituto para necessidades não satisfeitas. Tampouco é um enfeite piedoso de uma vida bem-sucedida. Ela é o que nasce da solidão.

Obviamente, a solidão é importante para que eu me abra para Deus. Nela, encontro minha própria verdade. E somente aqueles que encontram sua própria verdade podem também encontrar a Deus. Os primeiros monges já sabiam disso. Evagrius Ponticus diz: "Se você quer conhecer Deus, primeiro conheça a si mesmo" (PG 40,1268B). Ao entrar conscientemente na solidão e renunciar a todas as distrações, Deus se revela a mim em seu mistério.

A solidão faz parte do caminho espiritual. Como monge, escolhi conscientemente a solidão e o isolamento. No entanto, vivo essas duas coisas em uma comunidade. Entretanto, a comunidade monástica só corresponde ao ideal do monasticismo primitivo se ambos os polos estiverem equilibrados. A palavra "monge" vem da palavra grega *monazein*, que significa "separar-se", "viver sozinho", "viver sozinho com Deus". Entretanto, o teólogo Dionísio Areopagita interpretou o termo de forma diferente por volta do ano 500, ou seja, como uma palavra derivada de *monas*, que significa "unidade". Ele via o monge como uma pessoa que havia superado a divisão entre homem e mulher e encontrado seu caminho de volta para a unidade original. Ele se referia ao mito grego, que nos conta que o homem era originalmente uno, um ser esférico. Mas, como Zeus o temia, ele o dividiu em homem e mulher. Desde então, Eros vem tentando restaurar essa unidade. Dionísio escreve: "Eles são chamados de monges por causa da vida indivisa e unificada que, por meio da reunião sagrada dos aspectos divididos dessa vida, concede-lhes um caráter unificado mais alto, para que eles possam se tornar uma unidade semelhante a Deus e alcançar a perfeição que agrada a Deus". Essa frase expressa um anseio humano primordial: a união do masculino e do feminino e o anseio pela unidade consigo mesmo e com Deus.

O psicólogo judeu Manès Sperber fala da solidão como uma "fonte de poderes criativos". E ele acredita que todo fundador de uma religião, em última análise, buscava a solidão: "Cada um deles deixa os seus, se afasta de todos os povoados, desaparece e não retorna até que tenha encontrado uma verdade, a sua verdade, na solidão, até que uma voz, uma sarça ardente tenha lhe revelado a mensagem que agora ele deve levar aos outros" (Sperber, p. 17). Não podemos reconhecer na agitação a verdade que nos leva adiante, nós a reconhecemos somente na solidão.

Quando me lembro disso em minha solidão, ela se transforma. Eu sinto: posso me concentrar no essencial. O que realmente me move e comove? O que é o homem? Como posso entender Deus? Qual é o segredo da existência humana? E como podemos nos tornar humanos? Quem nos mostra o caminho? A solidão é, portanto, uma fonte de inspiração e um caminho que me conduz à minha verdade mais profunda e ao mistério da vida humana e me abre para o mistério absoluto, para Deus. O filósofo medieval Duns Scotus cunhou a frase: "Faz parte da pessoa a solidão suprema – *ad personalitatem requiritur ultima solitudo*" (Lotz, p. 30). Portanto, nenhum ser humano pode escapar de sua solidão.

A verdade é que, como seres humanos, estamos isolados. Só podemos conhecer outras pessoas se conseguirmos ser independentes. Portanto, a solidão é o lugar onde posso descobrir minha personalidade: Quem sou eu como pessoa? Qual é meu segredo? De acordo com Sören Kierkegaard, "uma pessoa é aquilo que existe em relação a si mesma ou se realiza como si mesma" (Lotz, p. 35). Mas ser uma pessoa também significa se abrir para os outros e estar aberto para as bênçãos de Deus. Portanto, não se trata de encobrir a solidão com todos os tipos de atividades. Em vez disso, o caminho do autodesenvolvimento envolve tomar consciência de sua própria solidão. Então, eu me conscientizo de mim mesmo como pessoa.

Nos últimos anos, tenho visto um número cada vez maior de jovens entre 18 e 24 anos que sofrem de depressão. Ao conversar com eles, percebo que, muitas vezes, eles têm medo de ficar sozinhos. A solidão os deixa tristes. Mas para me tornar a pessoa única que sou, é necessário aceitar minha própria solidão. Ela pertence a mim. E somente quando eu a aceito é que realmente cresço, é que realmente me torno uma pessoa que se relaciona consigo mesma e, ao mesmo tempo, se abre para os outros.

Acima, já citei as palavras de Arthur Schopenhauer, que vê "a solidão como uma fonte de felicidade e paz de espírito". Schopenhauer era um filósofo um tanto pessimista. Ele foi inspirado pelo budismo. O caminho para dentro era importante para ele. E, em sua opinião, esse caminho só pode ser trilhado na solidão: "A pessoa se volta para fora em todas as direções em vez de ir para dentro, onde todos os enigmas podem ser resolvidos"

(Safranski, p. 84). Para ele, a solidão pertence ao homem. Nela, ele pode se interiorizar e buscar a felicidade interior que o mundo exterior não pode lhe oferecer. De acordo com Schopenhauer, não podemos encontrar paz observando o mundo. No mundo, só vemos escuridão e enigmas insolúveis. Mas interiormente encontramos paz de espírito.

Hoje, diante das possibilidades excessivas de comunicação e do constante confronto com elas, muitas pessoas anseiam pela solidão como fonte de renovação interior. Ou gostam de ficar sozinhas para escapar da pressão de se comunicar constantemente. Podemos observar esse desejo de solidão repetidas vezes na história. No século XVIII, a cultura da sociabilidade muitas vezes exagerada deu origem a um desejo de solidão recorrente. É interessante notar que Karl Eugen batizou seu palácio perto de Ludwigsburg de "Solitude". O escritor Jean-Jaques Rousseau costumava se retirar para a Ilha de São Pedro, no Lago de Biel, e, nos devaneios de um *promeneur solitaire*, ele descreve a felicidade de ter se encontrado na natureza. O educador Heinrich Pestalozzi intitulou sua autoconfissão de "Hora da noite de um eremita". "A solidão proporciona 'prazer próprio' – essa é a palavra-chave no livro *Werther* de Goethe e em outros romances sensíveis" (Binder, p. 95). Todos os grandes poetas valorizam a solidão. Goethe apresenta sua própria visão da solidão quando a descreve como prazer consigo mesmo. No entanto, ela só pode levar ao prazer consigo mesmo se a pessoa gostar da vida e estiver em harmonia consigo mesma.

Às vezes, vivencio a solidão como esse tipo de prazer comigo mesmo quando volto para minha cela no mosteiro depois de muitas conversas. Então, posso desfrutar da minha solidão. No entanto, esse dever não deve se transformar em autossuficiência, na qual eu me isolo dos outros e me preocupo apenas comigo mesmo. Para Goethe, não se trata de prazer, "mas de participação na existência do outro". No poema *Um e tudo*, ele escreve: "Abrir mão de si mesmo é prazer", o que significa: "Se eu quiser alcançar o ente, incluindo a mim mesmo, não preciso abrir mão de minha individualidade, mas de meu egocentrismo" (Binder, p. 101s.).

Existem pessoas que precisam de tanto tempo para si mesmas que não conseguem mais ganhar seu sustento. Nesse caso, trata-se de uma autoindulgência narcisista, não de uma fonte de fertilidade, como Goethe entendia a solidão. Para ele, era necessário "voltar-se para o mundo e voltar-se para si mesmo" (Binder, p. 96).

Friedrich Nietzsche nos deixou esta citação: "Aquele que conhece a solidão última conhece as coisas últimas". Para ele, a solidão é uma fonte de conhecimento. Ela não serve para obter conhecimento científico, mas para olhar para as profundezas do mundo, para reconhecer as coisas mais importantes, aquilo que "mantém o mundo unido em seu âmago". Todos os homens sábios amam a solidão. Eles se tornam sábios por meio de seus encontros com outras pessoas, mas também por se retirarem para a solidão. Nietzsche também criou outra expressão: "Eu te amo, ó minha solidão". Ele precisava da solidão para suportar o mundo. Entretanto, sua solidão não só lhe proporcionou percepções profundas, mas também o levou a delírios. Portanto, não é apenas a solidão que é necessária, mas também a atitude correta em relação à vida. Para nós cristãos, essa atitude é, em última análise, proporcionada pela fé, que interpreta o mundo de uma forma que convém a Deus e é benéfica para as pessoas.

Em seus poemas, o poeta alemão Hermann Hesse retrata a situação interior das pessoas de hoje. Mas ele não aborda apenas o sentimento subjetivo de estar sozinho. No seu entendimento, a solidão é uma parte essencial do ser humano. Como mencionado acima, ele escreveu os versos: "Vida é solidão. Ninguém conhece ninguém, todo mundo está sozinho". Isso é simplesmente uma afirmação. Precisamos viver com o fato de que estamos sozinhos. Não podemos escapar desse destino. A pergunta é: O que fazemos com nossa solidão? Nós a transformamos – como diz Paul Tillich – em religião, na confiança de que somos amparados por Deus e de que Ele satisfaz nosso desejo mais profundo, ou nos queixamos de nossa solidão? Nesse caso, nossa solidão nos levaria ao isolamento.

Pois aqueles que rejeitam sua solidão se isolam de si mesmos e das outras pessoas. Hermann Hesse aborda o tema da solidão em outro poema. O título é: "Sozinho". No texto, ele descreve a vida humana como ela é: viajamos pelo mundo, percorremos muitos caminhos. Muitas vezes acompanhados, a dois ou a três. Trabalhamos e construímos uma casa. Mas tudo que fazemos leva a um destino: à morte. E precisamos dar esse último passo em direção à morte sozinhos. Outros podem nos acompanhar em nossa jornada final. Mas ninguém pode dar esse último passo por nós. Cabe somente a nós atravessar o portão escuro da morte e nos deixar cair no amor de Deus. Em seu poema, Hesse convida o leitor a fazer algo agora que facilitará nosso último passo.

Devemos, já agora, fazer as coisas difíceis por conta própria. Em nossa vida no aqui e agora, há muitas situações com as quais precisamos lidar sozinhos. Precisamos tomar decisões por conta própria que ninguém pode tomar por nós. Somos confrontados com experiências de solidão. Elas geralmente pesam muito sobre nós. Mas precisamos lidar com esse peso da solidão sozinhos. Outras pessoas podem nos apoiar. Mas ninguém pode tirar esse sentimento de nós, precisamos cuidar nós mesmos da nossa solidão.

Já idoso, o psicólogo suíço C.G. Jung escreveu com frequência sobre a solidão. Certa vez, ele escreveu em uma carta: "Para mim, a solidão é uma fonte de cura que faz a vida valer a pena. Muitas vezes, falar é uma tortura para mim, e frequentemente preciso de vários dias de silêncio para me recuperar da futilidade das palavras". Para Jung, a solidão é, portanto, algo precioso, uma fonte de cura para sua alma. Mas ele também diz: "Caminho e só olho para trás quando não há outro caminho. Essa partida é uma grande aventura em si mesma, mas não é algo sobre o qual se queira falar demais" (Jung, p. 95). Na solidão, ele entra em contato com o segredo de seu verdadeiro eu.

Ele escreveu a uma pessoa que queria muito falar com o velho e experiente terapeuta Jung sobre seus problemas pessoais, pedindo que ela procurasse pessoas próximas dela, pois havia muitas que poderiam ajudá-la. E, então, ele ressalta que nem o papa tem apenas um confessor: "Se você se sente solitário, é porque se isola. Se você for humilde o suficiente, nunca se sentirá solitário. Nada nos isola mais do que o poder e o prestígio. Tente descer de seu pedestal e aprenda a ser humilde e nunca estará sozinho!" (Jung, p. 93). Essa é uma percepção interessante: se eu for modesto, nunca me sentirei sozinho. Então, sempre encontrarei pessoas com quem conversar, pessoas a quem recorrer. Muitas vezes temos a impressão de que não existem interlocutores adequados para nós. Mas cabe a nós encontrar a pessoa perfeita. Existem muitas pessoas próximas com as quais podemos nos abrir.

Outro senhor que havia batido à porta de Jung sem anunciar sua visita foi rejeitado pela secretária com a observação de que Jung não estava disponível. Esse senhor deixou um bilhete acusando Jung de "falta de humanidade" porque não queria falar com ele. Jung escreveu a ele dizendo que precisava ficar sozinho, especialmente agora, aos 82 anos de idade. E concluiu sua carta com as seguintes palavras: "Talvez um dia o senhor também entenda e experimente que somente a pessoa que é verdadeiramente capaz de ficar sozinha atrai outras pessoas. Assim, ela não precisará mais procurá-las, elas virão por si mesmas e serão as pessoas de que ela mesma precisa" (Jung, p. 99). As pessoas que se queixam de estar sozinhas estão expressando o fato de que não estão consigo mesmas. E como não conseguem ficar consigo mesmas, ninguém vem até elas. Esse é um círculo vicioso que as leva a uma solidão cada vez maior. De acordo com Jung, a única saída é aceitar o fato de estar sozinho e ver a solidão como uma fonte de cura. Assim, você pode conhecer pessoas que são boas para você e não se sentirá mais sozinho. No entanto, se eu esperar que alguém acabe com minha solidão, eu a sobrecarrego e caio em uma solidão cada vez mais profunda.

Reclusão

O misticismo usa outro termo para solidão: reclusão. Mestre Eckhart, o mais famoso místico medieval, adora essa palavra. Ela não significa apenas que nos afastamos do mundo. A reclusão certamente é um exercício importante para desenvolver a atitude interior do isolamento e, muitas vezes, também é um teste para saber se realmente abandonamos o mundo e seus padrões.

Mas, para Mestre Eckhart, a reclusão é, acima de tudo, uma atitude interior. Significa estar livre do mundo. Poderíamos chamá-la também de não mundanidade, como os monges entendiam sua vida: afastar-se do mundo e não mais dar a ele qualquer poder sobre sua vida. O filósofo Peter Sloterdijk chama essa atitude de alienação do mundo. E acredita que os monges foram exemplares ao expressá-la. Entretanto, ela também faz parte da natureza humana. Só nos tornamos verdadeiramente livres quando nos distanciamos do mundo em meio a ele.

A reclusão exige uma despedida do mundo, uma separação de tudo que compõe o mundo. Mas essa separação não significa necessariamente uma separação externa. Mestre Eckhart fala sobre viver em reclusão no meio do mundo e moldá-lo a partir da reclusão interior. A palavra alemã *abgeschieden* [recluso] é usada hoje mais no sentido de "retirado, solitário, morto".

Para Mestre Eckhart, essa, porém, é uma expressão espiritual. Ele quer dizer que, em tudo que fazemos, estamos interiormente isolados, separados, livres dos interesses mundanos, do desejo de reconhecimento ou de posses, livres de nossas necessidades. O isolamento é o prerrequisito para que Deus venha até nós. Para Mestre Eckhart, é a mais elevada de todas as virtudes. Supera até mesmo o amor: "Pois todas as virtudes têm algum tipo de desapego das criaturas, enquanto a reclusão é desapegada de todas as criaturas" (Eckhart, p. 83). Ele interpreta as palavras que Jesus disse quando visitou Marta e sua irmã Maria da seguinte forma: "Marta, quem quiser ser imperturbável e puro deve ter uma coisa – reclusão" (Eckhart, p. 83).

Para Mestre Eckhart, reclusão significa "que não sou receptivo a nada além de Deus" (Eckhart, p. 84). Estar isolado significa estar completamente separado de todas as criaturas. E essa é a condição para que Deus venha até a pessoa isolada e habite nela. A pessoa isolada força Deus a vir a ela (Eckhart, p. 87). "O homem que assim se encontra em completa reclusão está tão envolvido na eternidade que nada transitório consegue mais movê-lo, que ele não sente mais nada que seja físico, e é chamado de morto para o mundo, pois não saboreia nada que seja terreno" (Eckhart, p. 87). Entretanto, a reclusão não tem nada a ver com ascetismo sem alegria. Pelo contrário: "Ninguém é mais alegre do que aquele que se encontra na maior reclusão" (Eckhart, p. 97).

Nem todos interpretam sua solidão como reclusão no sentido de Mestre Eckhart. Mas, para mim, isso expressa algo essencial. Em última análise, é a concretização do que Jesus quer dizer quando afirma: "Eles não são do mundo, como eu também não sou do mundo" (Jo 17,16).

Se eu combinar minha solidão com o que Mestre Eckhart entende por reclusão, poderei desfrutá-la. A solidão passa então a ser algo que corresponde com minha natureza. Nela, digo adeus a meu apego ao mundo. Não me defino mais por meio dele, não me defino mais por meio do prestígio e dos meus bens, não me defino mais por meio de poder e reputação. Em vez disso, sinto que o mundo não tem mais nenhum poder sobre mim. Sou livre. E estou aberto para Deus. Afirmo que minha solidão é o lugar em que entro em contato com minha verdadeira natureza e meu desejo mais profundo. Sinto que, embora viva no mundo, não sou absorvido por aquilo que ele espera de mim ou das pessoas em geral.

Quando reflito sobre a reclusão, entendo as palavras de Jesus: "As raposas têm tocas e os pássaros do céu, ninhos, mas o Filho do Homem não tem onde repousar a cabeça" (Lc 9,58). Ele está citando um provérbio grego, que nos diz que o homem é essencialmente um sem-teto. Ele vive no mundo, mas o mundo não é seu lar definitivo. Pois seu espírito nunca descansa. Ele está sempre em movimento, sempre ansiando por aquele que pode preencher a vastidão de seu espírito. E essa pessoa só pode ser Deus. Na solidão, percebo que, como ser humano, não posso me estabelecer aqui neste mundo para sempre, mas apenas por um tempo. Amo meu lar, onde passei minha infância. E amo meu lar atual, a Abadia de Münsterschwarzach. Mas sei que esse não é meu último lar. Estou sempre viajando em direção a Deus. Posso descansar ao longo do caminho, mas só descansarei para sempre na eternidade de Deus. Por isso, já estou procurando por Deus aqui. Preciso contentar-me com seus traços no mundo e em meu coração.

O perigo do isolamento

Entretanto, para muitas pessoas, encontrar e adotar a atitude da reclusão é um longo caminho de exercício. Reconciliar-se com a solidão não é fácil para todos – especialmente se você não escolheu a solidão, mas circunstâncias externas a impuseram. Essa solidão forçada, na verdade, leva muitas pessoas ao isolamento, o que não só lhes rouba a alegria de viver, mas também pode representar uma séria ameaça à saúde.

Especialmente nos últimos anos, caracterizados pela pandemia e pelos *lockdowns* e isolamento associados a ela, o risco de isolamento na sociedade aumentou significativamente, em especial entre os idosos. De acordo com o futurologista Horst W. Opaschowski, atualmente 84% dos idosos têm um medo maior de sofrer com a falta de contato do que com a falta de dinheiro. Eles têm medo de morrer sozinhos, de não receber visitas de seus parentes. O isolamento crescente também está alarmando os médicos.

Na revista dos médicos alemães, por exemplo, lemos que o isolamento é "sinônimo de estresse permanente". Em comparação com pessoas que não são solitárias, as pessoas solitárias não dormem bem e não conseguem relaxar. Elas também têm uma dieta menos saudável, consomem mais álcool e cigarros e fazem menos exercícios.

Além disso, sofrem mais frequentemente de doenças cardiovasculares e depressão, reclamam de uma sensação reduzida de bem-estar e de uma qualidade de vida ruim, têm um sistema imunológico enfraquecido, mais pensamentos suicidas e morrem mais cedo" (*Ärzteblatt*, 7 de julho de 2020). A conexão entre solidão e aumento dos casos de demência ainda não foi comprovada cientificamente, mas as pesquisas sugerem que ela existe. Isso ocorre porque as pessoas que se sentem solitárias têm pouca energia para viver e caem no esquecimento com maior facilidade.

O que intensifica a experiência do isolamento é a doença. A pandemia fez com que muitas das pessoas afetadas ficassem sozinhas com sua doença. Isso intensificou a solidão. Mesmo recebendo visitas e tendo o carinho de cuidadores, ainda assim você se sente sozinho com sua doença e com a incerteza de não saber se irá se recuperar Se for forçado a se isolar de seus parentes e não puder visitá-los, o sentimento de solidão se torna ainda mais opressivo.

A solidão e a morte andam de mãos dadas. Mesmo que outras pessoas nos acompanhem quando morremos, sentimos que precisamos atravessar o portão da morte sozinhos. Ninguém pode nos acompanhar nessa última jornada. Durante a pandemia, a solidão da morte foi exacerbada pelo fato de que muitos literalmente tiveram que morrer sozinhos, sem apoio, sem conforto, sem pessoas que pudessem segurar sua mão e rezar por eles. Eles também perceberam que o funeral seria realizado sem as pessoas que lhes haviam sido importantes em vida. É claro que você poderia dizer que a pessoa que está morrendo não deveria se importar com o que acontece depois da morte. Mas isso o afeta. Todos querem ser honrados mais uma vez após a morte pelas pessoas que lhe eram próximas. Em uma sessão de aconselhamento, um homem de 82 anos me disse que estava preparado para morrer. Mas ainda não queria partir. Para ele, era importante despedir-se de todos em seu vilarejo. A sensação de que ele seria homenageado por muitos facilitava aceitar a morte. Ele acreditava que, assim, sua vida poderia ter um fim digno.

O isolamento pode ser intensificado por fatores externos, como o distanciamento social durante o *lockdown*. Entretanto, o isolamento sempre tem, também, causas internas. Geralmente, as pessoas afetadas pelo isolamento não têm um bom contato consigo mesmas. Estão alienadas de si mesmas. Quando o contato com pessoas de fora e com o mundo se perde, a sensação de isolamento aumenta. Isso aumenta o risco de cair em melancolia. Você se sente inútil e, muitas vezes, culpado, perguntando-se por que ninguém o visita. Você se acha tão inútil que ninguém pensa em você. Cresce um medo interno, que o filósofo O.F. Bollnow descreveu da seguinte forma: "Todas as cores da vida congelam e desaparecem no medo" (Kölbel, p. 118).

Mas o perigo mais profundo do isolamento é o desespero. Você não vê mais nenhum significado em sua vida. Muitos se desesperam diante dessa falta de sentido, diante dessa sensação de não serem mais reconhecidos, de não serem mais necessários. Eles se perguntam: "Por que devo continuar a viver? Ninguém se interessa por mim".

O problema de muitas pessoas isoladas é que, em última análise, elas se sentem estranhas de si mesmas e dos outros. Veem as pessoas como objetos e não como pessoas com quem podem se relacionar. Por isso, normalmente, as pessoas solitárias culpam os outros por sua situação pessoal, dizendo: "Eles não se interessam por mim". Mas elas mesmas são incapazes de reconhecer a atenção que recebem. No fim das contas, a outra pessoa continua sendo estranha para elas. Elas não são capazes de vê-la como alguém que vive algo que existe também dentro delas. Às vezes, essa solidão faz com que as pessoas tentem prejudicar a pessoa com quem esperavam ter um bom relacionamento. O autor Gerhard Kölbel conclui: "Assim, a solidão opressiva é a raiz de muitos, se não de todos, os crimes violentos" (Kölbel, p. 115). A solidão pode gerar um ódio e uma aversão a si mesmo tão fortes que a pessoa se torna "capaz de torturar a si mesma ou permitir que seja torturada da maneira mais dolorosa" (Kölbel, p. 115). Às vezes, a desesperança resultante também leva a pessoa a pôr um fim à sua vida.

Visto que o isolamento é tão opressivo, as pessoas tentam encontrar maneiras de sair dele. Entretanto, algumas soluções não funcionam e apenas aumentam a solidão. Por exemplo, algumas pessoas tentam se socializar o máximo possível em bares, cinemas ou em eventos esportivos. Buscam a socialização. Mas isso faz com que elas se sintam ainda mais solitárias. O simples fato de se socializar não elimina a solidão. Você socializa com muitas pessoas, mas não se sente realmente conectado com elas.

Outra forma de escapar da solidão é a chamada solidão sensível, como a solidão provocada pelo livro de Goethe *Os sofrimentos do jovem Werther* no século XVIII: "Naquela época, as pessoas buscavam a solidão para desenvolver uma vida interior 'sensível', egocêntrica e sem perturbações. Tratava-se de pessoas alienadas da vida, vaidosamente apaixonadas por si mesmas, que não queriam sacrificar seu mundo emocional e espiritual supostamente rico à profanação da vida social cotidiana" (Kölbel, p. 108). Mas isso não é superar a solidão. Em vez disso, ela é "dissolvida em um sofrimento deliciosamente doce e é desfrutada como tal. A pessoa sensível está presa em seu mundo interior; ela não transcende mais seu ego" (Fichte, *apud* Kölbel, p. 108).

Outra maneira supostamente eficaz de escapar da solidão é refugiar-se na grandiosidade. Um de meus amigos é terapeuta. Ele me disse que alguns de seus pacientes que sofrem com a falta de relacionamentos contornam isso dizendo a si mesmos: "Já estamos unidos com o divino. Não precisamos de relacionamentos como os outros. Já superamos essas necessidades". Mas, em algum momento, eles são confrontados com sua necessidade de proximidade humana e então caem na realidade. É claro que a espiritualidade pode ajudar a transformar a solidão. Vimos isso no capítulo anterior com Mestre Eckhart e outros místicos. Os monges tentam fazer com que sua solidão seja proveitosa para seu caminho até Deus. Essa é uma boa maneira de transformar a opressão dessa situação em uma solidão benéfica e frutífera. Mas esse tipo de solidão sempre resulta em um sentimento de profunda comunhão com os outros. Aqueles que vivem dessa maneira também percebem a dor da solidão, mas não a transcendem, transformando-a em uma proximidade íntima com Deus. Eles suportam a solidão e procuram Deus nela. O que os pacientes disseram a meu amigo em suas sessões de terapia, no entanto, é uma negação da necessidade de relacionamento e, portanto, uma fuga para a grandiosidade. Eles se elevam acima de suas necessidades humanas e, com frequência, acabam em desesperança e desespero. Aqueles que tentam ver sua solidão como um convite para encontrar sua razão em Deus continuam sendo pessoas com necessidade de proximidade. E eles sabem que Deus nem sempre se manifesta. Portanto, às vezes, até essas pessoas sofrem com a ausência de Deus. Mas acreditam em sua presença e, portanto, procuram conscientemente o Deus que se revela a elas na beleza da criação, mas que também está dentro delas como um fogo que as aquece, como um amor que as preenche.

De acordo com o estudioso literário Helmut Brall, é preciso ter cuidado com esse tipo de transformação da solidão: "A transformação ideológica das experiências de impotência em atitudes poderosas de negação é, obviamente, um traço característico que pode ser observado em vários conceitos de solidão, especialmente naqueles que surgem a partir de um diagnóstico pessimista da sociedade contemporânea" (Levend, p. 139). Se a transformação da solidão é bem-sucedida ou não se manifesta, por um lado, na atitude básica em relação às pessoas e ao mundo, e, por outro, no efeito externo. Se o recuo para a solidão é um protesto contra o "mundo mau", então isso equivale a uma fuga para a grandiosidade. Você se coloca acima da sociedade má.

Há algo de agressivo nesse tipo de solidão porque é uma acusação contra o mundo e um desprezo pelos outros. A solidão que os monges viviam como eremitas no deserto, por exemplo, os conectava interiormente com outras pessoas. É por isso que eles atraíam outras pessoas e se tornavam companheiros espirituais de muitos. Eles não eram misantropos, mas se tornaram compassivos e gentis em sua solidão. Portanto, para o padre do deserto Evagrius Ponticus, a gentileza é o verdadeiro critério para saber se um monge está no caminho certo ou se ele quer se colocar acima dos outros. A palavra alemã *Sanftmut* [mansidão] tem suas origens no verbo *sammeln* [reunir]: a pessoa mansa tem a coragem de reunir tudo dentro de si, de olhar para tudo que existe dentro dela e de integrá-lo. Como resultado, ela não julga os outros. Tudo o que vê neles, também vê em si mesma. Em sua solidão, sente-se profundamente conectada com todas as pessoas. Algo emana dela que atrai os outros. Alguém que se refugia em sua solidão para acusar todos os outros ou desvalorizá-los como "burgueses" tem um efeito negativo. Não atrai as pessoas, mas as repele.

Como moldar a solitude

Algumas pessoas costumam sentir-se sozinhas à noite. Ou sofrem com sua solidão especialmente nos fins de semana. Enquanto estão na companhia de outras pessoas, por exemplo, no trabalho, sentem-se razoavelmente bem. Mas, à noite, estão tão cansadas que não conseguem fazer nada além de descansar ou ir para a cama mais cedo. Então, já fica mais difícil suportar a solidão. Especialmente as pessoas solteiras costumam se queixar de solidão no fim de semana. Se quiserem fazer algo com outras pessoas, são sempre elas que precisam ligar para os outros e perguntar aos amigos se eles têm tempo e gostariam de fazer uma caminhada, ir ao teatro ou ao cinema. Muitas vezes, elas têm dificuldade de pedir companhia aos outros. Têm medo de incomodar. Muitas pessoas sofrem também com o fato de não poderem contar a ninguém o que estão fazendo no trabalho ou o que estão pensando. Como todo mundo, sentem a necessidade de compartilhar com alguém tanto as coisas bonitas que vivenciam quanto seu sofrimento. Mas, se não há ninguém com quem possam conversar sobre isso, sentem-se sozinhas à noite, apesar das experiências boas e felizes que tiveram durante o dia.

Nem sempre consigo ter a consciência de minha solitude como a descrevi acima quando falei sobre lamentar minha solidão. Mas também não adianta ficar sentado e reclamar por estar se sentindo sozinho. Cabe a mim a responsabilidade de organizar o tempo em que estou sozinho. Se eu simplesmente continuar vivendo assim, a solidão se tornará dolorosa ou simplesmente banal. Meu entusiasmo pela vida continuará a diminuir. A falta de motivação e alegria me roubará toda energia e me deixará deprimido. A solidão não se transforma automaticamente em algo bom.

Preciso fazer alguma coisa. Cabe a mim a responsabilidade de como eu lido com ela. Não preciso me apressar, não preciso preencher minha solidão com o maior número possível de atividades. É fundamental que eu mesmo organize minha solidão e dê a ela uma forma que seja boa para mim. Há muitas maneiras de fazer isso.

Estruturar o tempo

O primeiro passo para organizar o tempo comigo mesmo é estruturá-lo. Eu sei: tenho esta noite pela frente, em que estarei sozinho. O que quero fazer? Como posso organizar a noite? Eu poderia reservar um tempo para cozinhar e saborear a comida. Depois, dou uma olhada no tempo: posso aproveitar a noite para fazer uma caminhada. Ou talvez prefira ler um livro ou ouvir música. Também posso trabalhar no jardim ou cuidar de minhas flores. Algumas pessoas ficam paralisadas quando enfrentam uma noite a sós. Elas estão cansadas do trabalho e interiormente insatisfeitas. Então, preenchem essa insatisfação com comida, bebida e televisão. Mas isso não faz com que se sintam bem. A insatisfação se manifesta em seus sonhos durante a noite e faz com que acordem de mau humor na manhã seguinte. O importante é sentir: esta é minha noite, meu tempo. Eu a organizo de uma maneira que me convém.

As noites são sempre muito curtas para mim. Primeiro escrevo algo, contanto que ainda esteja acordado e isso me dê prazer. Depois, leio alguma coisa. Às vezes, prefiro ouvir música. Mas, a essa altura, geralmente o tempo já acabou. Se eu estiver muito cansado, começo a ler até não conseguir mais me concentrar. Depois, escolho uma música que combine com meu humor naquela noite. Coloco meus fones de ouvido e deixo a música entrar em mim. Gosto de não ter que fazer nada além de curtir a música.

Nunca fico entediado no fim de semana. Muitos finais de semana são preenchidos com cursos que dou na casa de hóspedes. Se eu não estiver administrando um curso, fico ansioso pelas tardes de sábado. Tenho tempo para escrever algo e ir à biblioteca para procurar livros relacionados ao tópico em que estou trabalhando.

Escrever e ler me mantém vivo. E sou grato pelo fascínio que isso me proporciona ao lidar constantemente com novos temas.

Também gosto de ler aos domingos, depois do coro matinal. Nas tardes de domingo costumo fazer primeiro uma curta caminhada e depois continuo a escrever ou ler em paz e tranquilidade. Também preciso de uma estrutura para as tardes de domingo para me manter acordado, o que significa que não posso ler por três horas seguidas e, portanto, preciso alternar entre ler e escrever, entre ouvir música e pensar e meditar.

Muitas pessoas, porém, que moram sozinhas geralmente têm dificuldade de aproveitar o fim de semana. Se eu simplesmente espero o fim de semana acontecer, também não me sinto bem. Preciso ouvir o que minha alma deseja já na sexta-feira à noite ou até mais cedo: De que minha alma e meu corpo necessitam? O que posso esperar do fim de semana? Como quero organizá-lo? Se eu quiser fazer uma caminhada com os amigos, preciso me preparar. Se eu não tiver um encontro no fim de semana, o que gostaria de fazer que me faz bem? Então, é importante planejar o sábado e o domingo: Que horas vou acordar? Que trabalho preciso fazer na casa ou no jardim no sábado? Por quanto tempo quero trabalhar? E o que farei em meu tempo livre? As condições climáticas me convidam a andar de bicicleta ou a fazer uma caminhada curta? Se o tempo for bom, para onde eu gostaria de ir? Ou gostaria de fazer uma viagem curta, conhecer uma cidade, visitar outros pontos turísticos e depois me deliciar com um jantar em um bom restaurante?

O domingo também precisa ser planejado. Eu poderia ir a uma missa na igreja pela manhã. Lá estou entre pessoas, sinto-me apoiado e atendido. Mas algumas pessoas vão para casa e não sabem o que fazer com seu tempo. Se eu não tiver planejado nada, então faria sentido ouvir a mim mesmo agora: Que ideias me vêm à mente? O que eu gostaria de fazer hoje? Muitas vezes fico chocado quando converso com pessoas solteiras e elas me dizem: "Não gosto de nada. Não consigo me animar com nada". Elas se afundam em sua tristeza e apatia. Talvez eu tenha que lamentar minha solidão: sim, eu preferiria muito mais ter uma família na qual eu estivesse seguro e protegido. Eu preferiria fazer algo com outras pessoas ou fazer parte de um grupo. Mas é assim que as coisas são agora. Isso dói.

Mas esse tempo também é meu. Cabe a mim decidir o que fazer com ele. Se eu não conseguir encontrar nada que realmente queira fazer hoje, posso tentar estruturar meu dia: primeiro cozinho, aproveito a refeição, tiro um cochilo; depois tomo uma xícara de café e como um pedaço de bolo. Depois estarei recuperado para ler ou fazer uma caminhada, por exemplo. Ou primeiro faço uma caminhada e depois passo o tempo lendo até o jantar. Agora, à tarde, tenho tempo para mergulhar em um livro por um longo período. Se eu ficar cansado, posso sair e respirar um pouco de ar fresco ou me deitar na cama por um tempo para refletir sobre o que li.

O importante é que eu organize meu tempo. Assim, ele se torna "meu" tempo. Algumas pessoas simplesmente gostam de não ter obrigação nem estrutura nenhuma. Mas, mesmo assim, preciso estar comigo mesmo. Eu me escuto, escuto minha alma, escuto os impulsos internos que ela me dá. Se eu simplesmente permitir que o tempo passe, farei isso ou aquilo sem realmente estar em contato comigo mesmo. Nesse caso, sou o único culpado pelo meu humor depressivo. Isso é viver, mas não viver de verdade. Estou sendo vivido, mas não estou vivendo a mim mesmo. As pessoas mais jovens gostam de organizar seu tempo de forma diferente. É importante ouvir a si mesmo repetidas vezes para ver o que você precisa nesse momento, o que é bom para sua alma e seu corpo. As pessoas mais velhas adoram quando seu fim de semana sempre se repete. Sentem-se em casa quando têm sua estrutura diária no dia a dia e uma estrutura diferente no fim de semana. Elas não precisam perder tempo refletindo sobre o que farão. A vida simplesmente acontece. Mas estão felizes com essa rotina. Minha mãe morou sozinha por quase trinta anos depois que meu pai morreu. Mas ela nunca ficou entediada porque tinha uma estrutura semanal fixa. Ela se sentia confortável com isso. Tinha rotinas claras durante a semana, ia à igreja no domingo e ficava ansiosa para conversar com outras pessoas depois. À tarde, conversava por muito tempo ao telefone com a irmã, que pertencia a uma ordem religiosa. Esse era seu ritual fixo nas tardes de domingo.

É claro que não é apenas a estrutura que importa. A atitude interna também é decisiva, importa se consigo aceitar a mim mesmo e minha vida como ela é ou se estou constantemente me rebelando contra ela. Se me rebelo contra isso, também odeio o tempo, especialmente o tempo vazio que não organizo para mim mesmo, mas que simplesmente passa. Sinto-me vítima de minha solidão. Não é à toa que até mesmo as ordens contemplativas e silenciosas estruturam bem seu dia. Não se pode meditar o dia inteiro.

Os cartuxos, por exemplo, que vivem sozinhos em pequenas eremitagens, têm sua própria ordem fixa. Obviamente, eles têm experiência com a organização da solidão. Para permanecer vivo, você precisa de um ritmo. A natureza nos mostra isso. E isso também se aplica à alma e ao corpo humano. Se o tempo que passamos sozinhos é rítmico e bem-organizado, é bom para nós, é um tempo sagrado e curador.

Rituais

Uma forma de estruturar o tempo são os rituais fixos. Principalmente as pessoas mais velhas que moram sozinhas precisam desses rituais como ajuda cotidiana. Elas definem um horário para se levantar, fazer suas refeições e ir para a cama. E começam o dia com um ritual fixo. Minha mãe se levantava às 7 horas todos os dias. Depois de se lavar e se vestir, rezava duas orações mais longas: uma, para o marido falecido. Esse era seu ritual para se lembrar e honrar os 36 anos de casamento, o que ele significava para ela. Sentia-se apoiada por esse amor compartilhado e se sentia conectada a ele todas as manhãs, que agora a acompanhava do céu.

A outra era uma oração matinal em que ela dizia: "Mesmo que eu não consiga amar a todos incondicionalmente, ajuda-me a não desencorajar ninguém que eu encontre". Com essa oração, ela praticava uma atitude de amor e atenção plena. Isso lhe mostrava que aquele dia era um dia abençoado, que ela mesma estava sob a bênção de Deus e que poderia se tornar uma bênção para seus filhos e netos e para as pessoas que encontrasse naquele dia se vivesse com essa atitude de atenção plena e amor. Todos os dias, às 8 horas, ela ia à Eucaristia; em seguida, deitava-se no sofá depois do café da manhã e rezava dois terços pelos filhos e netos. Em seguida, ouvia fitas cassete, pois só lhe restavam 3% de visão. Depois do almoço cochilava, tomava uma xícara de café e fazia o que tinha que fazer. O dia inteiro era caracterizado por rituais. Isso lhe dava uma sensação de estar em casa. Ela mesma organizava seu dia e se sentia em casa. Estava sempre alegre e nunca reclamava de sua solitude. É claro que tinha contato com seus filhos e parentes. Ela também usava o telefone.

Os rituais criam uma sensação de estar em casa. A repetição constante da mesma coisa cria um espaço de segurança. Em seu lindo livro sobre o tambor das horas no Monte Athos, Erhart Kästner escreve sobre esse anseio da alma humana pela repetição: "Juntamente com o desejo de conquistar o mundo há um desejo inato de sempre moldar a mesma coisa a partir de formas antigas. A alma se sente em casa nos ritos. Esses são os receptáculos fixos dela [...]. A cabeça sempre quer o novo, o coração sempre quer o mesmo" (Kästner, p. 53). Os rituais, que se repetem diariamente, criam um espaço de familiaridade. E nele a alma também sabe que é amparada por Deus. É um espaço de lar, porque o mistério, o próprio Deus habita esse espaço conosco.

Outro efeito curador dos rituais é que eles nos colocam em contato com nossas próprias raízes, com a força da vida e da fé de nossos antepassados. Para minha mãe, os rituais a lembravam dos rituais que seus pais e avós praticavam. Eles a colocavam em contato com sua terra natal, mas também com sua infância. Entretanto, ela não praticava os rituais pensando em sua infância. Em vez disso, tinha a impressão de que agora estava compartilhando a fé de seus pais e avós. Isso a enraizava na fé que havia herdado de seus pais, que haviam estruturado sua vida com esses rituais. Eles se mantiveram fiéis a eles em tempos de pobreza, doença e guerra. Assim, ela mesma pôde se apegar a esses rituais e sentir que estava ganhando força e confiança de seus pais, que agora estavam com Deus. Sua árvore da vida era nutrida pelas raízes de seus antepassados. Isso significava que ela não poderia ser arrancada quando algo difícil aparecesse em seu caminho. Apesar de todos os golpes do destino – como a morte de seu marido e, mais tarde, de seus irmãos e de dois netos – ela se agarrava aos rituais como uma boia salva-vidas que Deus lhe oferecia, um apoio que Deus lhe concedia com seu braço forte. Quanto mais se aproximava de sua morte, mais importantes os rituais da família se tornavam para ela. Tinha a sensação de que seus pais e irmãos falecidos a estavam acompanhando em sua última jornada e a ajudariam a cruzar o limiar da morte para então desfrutar de sua companhia para sempre.

Muitas pessoas que moram sozinhas têm problemas com a solidão, especialmente à noite. Elas encobrem essa solidão assistindo à televisão durante toda a noite. Algumas até deixam a televisão ligada o dia todo, mesmo que não estejam assistindo. Mas o fato de ouvirem a TV ligada dá a elas a sensação de que não estão sozinhas. Alguém está falando com elas, mesmo que não consigam ouvir o que estão dizendo. Elas ainda se sentem parte do mundo. Ainda não estão isoladas dele. À noite, a televisão tem um significado diferente. Você assiste a alguma coisa, muitas vezes passando de um programa para outro sem assistir a um programa até o fim. Esse uso constante do controle remoto é um puro passatempo. Mas, no fim das contas, você não se envolveu realmente em um filme, apenas viu tudo. Em algum momento, você vai para a cama cansado, mas não se sente satisfeito. Você está apenas passando o tempo. E esse tempo é um tempo morto, sem vida. É tempo perdido, quando poderia ter sido um tempo agradável, um *kairos*, como Jesus dizia.

Uma noite também precisa de rituais para que ela se torne "minha" noite. Às vezes, minha mãe também assistia à TV. Mas, ao longo da semana, tinha seus programas aos quais assistia de forma consciente. Ela não assistia a mais nada. Passava cada noite da forma que lhe convinha. Às vezes, fazia palavras cruzadas ou ligava para os filhos. Ela também tinha rituais fixos para quando ligava para cada um dos sete. Ela encerrava o dia com as orações noturnas. Quando a noite termina com um ritual, o dia é concluído de forma positiva. Se simplesmente for para a cama cansado depois de ter assistido à TV durante toda uma noite, você se sentirá vazio e sem sentido. Se, por outro lado, oferecer seu dia a Deus em oração, você poderá deixá-lo para trás.

Um bom ritual noturno é estender as mãos para Deus, formando uma tigela. Estendo a Deus o que segurei em minha mão no dia de hoje, estendo a Deus as pessoas que toquei no dia de hoje. E também estendo e ofereço a Deus meu vazio. Às vezes, temos a impressão de que o dia escorreu por entre nossos dedos. Então, ofereço a Deus esse dia perdido, esse dia fragmentado e frágil que passou por mim. Dessa forma, ele se torna meu dia, assumindo uma forma no final. Assim, posso deixá-lo cair nas mãos de Deus e depois descansar em suas boas mãos e saber que sou carregado por elas.

Aqueles que se sentem sós não estão em contato consigo mesmos. Eles sentem a tristeza, mas não a reconhecem conscientemente, não entram em contato com ela. O ritual me coloca em contato comigo mesmo. Eu me retiro de todas as lamentações sobre minha solidão e me sinto eu mesmo. Quando estendo minhas mãos abertas para Deus, também estendo a Ele minha tristeza que sinto por estar sozinho. Isso já basta para transformar a solidão. Os rituais são o lugar em que me percebo e me conscientizo de mim mesmo várias vezes ao dia. Assim, não me sinto sozinho. As pessoas que se sentem solitárias geralmente não estão em contato consigo mesmas. Elas não suportam estar sozinhas consigo mesmas. Quando estou em contato comigo mesmo, não estou mais sozinho. Fico sozinho. Estou comigo mesmo. Então, também posso entender que Deus está comigo. Algumas pessoas reclamam que não sentem a proximidade de Deus. Mas, geralmente, elas não sentem a si mesmas. Elas não estão consigo mesmas e, por isso, sentem-se realmente sozinhas. Assim que estou comigo mesmo, não estou sozinho. Estou em um relacionamento comigo mesmo. E, a partir desse relacionamento interno, também posso sentir a proximidade curadora de Deus.

Ler

Acima, já falei sobre a leitura, para a qual tenho tempo quando estou sozinho. Quero discutir a leitura em maior detalhe. O que acontece quando leio? Eu mergulho em outro mundo. Especialmente quando me sinto sozinho, sinto-me conectado aos personagens do livro. Sinto empatia por eles, sofro com eles, me alegro com eles. Não estou sozinho comigo mesmo. Volto a sentir a vida. Além disso, sempre entro em contato comigo mesmo quando leio. Tudo que leio tem algo a ver comigo. Isso amplia meus horizontes. Eu me reconheço em todos os personagens. E isso enriquece minha percepção de mim mesmo. Há um vasto mundo dentro de mim pelo qual posso passar, no qual estou sempre fazendo novas descobertas. Quando leio e sinto empatia pelos personagens, não estou sozinho. Então, eu me torno um com o mundo inteiro. E o mundo estreito de meu pequeno apartamento se expande. Eu participo da história da humanidade. Mergulho no passado e o reconheço como parte de minha vida, mergulho na vida de pessoas que vivem em lugares distantes. Isso amplia meus horizontes e sinto empatia pelas pessoas. Estou sozinho em meu apartamento, mas estou conectado a muitas outras pessoas.

É claro que você poderia dizer que isso também acontece quando assisto à televisão. Mas, nesse caso, eu permaneço muito mais passivo. Eu assisto ao que está sendo oferecido. Quando assisto a um bom filme, também posso me identificar com ele. Sinto empatia pelos personagens. Mas para mim, quando leio um livro, consigo dormir melhor depois. Coloco o livro no chão e adormeço.

Normalmente, não assisto à televisão. Mas nas raras ocasiões em que assistimos a um filme juntos no convento ou quando alguém me envia um filme que eu realmente deveria assistir no computador, não consigo dormir muito bem depois. As imagens ficam girando em minha cabeça. Talvez haja muitas imagens em um filme que eu não consiga processar. A leitura, por outro lado, me dá tempo para sentir empatia pelos personagens. E, acima de tudo, minha própria imaginação está mais envolvida do que quando assisto a um filme.

Muitos adultos me contam como adoravam ler quando eram crianças. A leitura era, muitas vezes, uma fuga de um deserto emocional que eles vivenciavam devido às circunstâncias caóticas da família. A leitura era uma fuga legítima, porque descobriam que não estavam apenas no deserto. Em vez disso, sua alma residia no mundo colorido dos romances ou no mundo aventureiro de Karl May, um escritor alemão famoso por seus livros sobre o faroeste americano. Para alguns, a leitura era uma espécie de salva-vidas. Eles só conseguiam suportar sua vida porque eram capazes de mergulhar em outro mundo à noite, em um mundo que era colorido, mas que, muitas vezes, também lhes dava uma sensação de segurança e amor. A leitura fazia com que se sentissem parte de outra família, da grande família humana ou da pequena família da qual o livro tratava.

Livros não são apelos morais para que mudemos tudo. Ao ler intensamente, a transformação acontece por si mesma. Entramos em contato – sem que percebamos – com os valores dos quais o livro fala, com as atitudes que os personagens adotam. E entramos em um diálogo com o autor e seus personagens.

Sören Kierkegaard, o filósofo dinamarquês, nos incentiva a ler um livro com paixão: "Pegue o livro mais medíocre, mas leia-o com paixão, como se fosse o único que você já leu: afinal de contas, você lerá tudo nele; isto é, lerá o que está em você, e isso é tudo que obterá dele de qualquer maneira, mesmo que leia os melhores livros" (*apud* Tudor, p. 169). O que lemos em um livro é o que está dentro de nós. Entramos em contato com o potencial de nossa própria alma. Isso nos torna mais amplos e mais ricos. Reconhecemos nossa solidão como uma fonte de expansão e descobrimos a riqueza de nossa própria alma.

Ouvir música

Quando estou muito cansado para ler, gosto de ouvir música conscientemente. Gosto sobretudo das cantatas de Bach, mas também da música sacra de Mozart, Handel ou Heinrich Schütz. A música é boa demais para que eu a ouça só como pano de fundo. Quando tenho tempo, penso no que tenho vontade de ouvir ou no que me agrada no momento. Depois, escolho o que quero. Coloco os fones de ouvido e me deito na cama, fecho os olhos e ouço com atenção. Sinto-me completamente cercado pela música e permeado por ela. Então me sinto seguro. Ouvir – como diz Martin Heidegger – gera uma sensação de segurança.

Quando me torno um com a música, sinto-me seguro. Então, desaparece a sensação triste de estar sozinho, e dá lugar à gratidão por poder ouvir essa música maravilhosa. Não preciso ir a um concerto, mas posso ouvir a gravação da cantata de Bach com Karl Richter, Edith Mathis e Dietrich Fischer-Dieskau. Penso no fato de que Richter e Fischer-Dieskau já estão no céu e que sua maneira de fazer música é um legado. Há algo de transcendência e eternidade. Imagino esses dois músicos talentosos ouvindo essa música agora no céu. A música – de acordo com o jornalista e produtor musical Ernst Joachim Berendt – sempre tem a ver com a travessia para outro mundo. É sempre um sentimento de liberdade e expansão. Não sou dominado pelos problemas deste mundo. Posso fazer a transição para outro mundo divino por um momento – não para escapar deste mundo, mas para ser capaz de suportá-lo melhor.

Em vez de reclamar da noite solitária, eu poderia usá-la para ouvir uma música que faz bem à minha alma. É claro que também posso expandir meu conhecimento musical lendo sobre as músicas que ouço. Assim, ouvirei algumas coisas de forma mais consciente. Ou posso simplesmente confiar em meus próprios ouvidos e em meu coração, que é o verdadeiro ouvinte. Assim como escolho conscientemente os livros que quero ler, devo fazer o mesmo com a música. Também é importante ouvir uma peça em sua totalidade. A música me eleva por dentro. Ela sempre tem um significado espiritual para mim. Ela me abre para Deus. A música sacra, principalmente, permite que eu compartilhe da experiência de Deus que o compositor e o cantor tiveram. As palavras da liturgia ou as palavras da Bíblia me tocam de uma maneira nova. Elas são mais profundas do que quando as leio, elas apelam a todas as minhas emoções.

Se uma cantata de Bach me tocou profundamente, preciso ouvi-la várias vezes. Então, a música fica na minha cabeça o dia inteiro. Para mim, ela passa a fazer parte do dia. Durante o dia, tento ouvir partes dela novamente. Antes de ir para a cama eu a ouço novamente. Dietrich Fischer-Dieskau canta aqui de forma singular. Lembro-me de como Godehard Joppich me disse certa vez que ouvir Fischer-Dieskau cantar a cantata *Ich habe genug* [Eu tenho o suficiente] foi uma experiência musical muito especial para ele. Percebo, então, que é um momento sagrado quando essa música pode ser ouvida dessa maneira. Nesse momento em que a ouço, participo do momento sagrado.

Foi um dos grandes momentos para a música sacra. Só consigo ouvir esse CD com admiração. A cantata *Ich habe genug* sempre é, também, uma despedida da época de Natal para mim. Escolho as cantatas de Bach de acordo com a época do ano. Então, um dos meus rituais é ouvir essa ou aquela cantata em determinados dias e festivais. Isso estrutura o ano de forma positiva. E todo ano aguardo ansiosamente as cantatas do Advento, do Natal, da Páscoa e dos vários outros festivais.

Conheço pessoas que têm um sistema de som maravilhoso e uma coleção impressionante de CDs. Mas raramente ouvem música. Preferem passar o tempo em frente à televisão. Dizem que nunca conseguem ouvir música. Mas, muitas vezes, estão entediadas. Principalmente padres me dizem com frequência que se sentem solitários quando voltam para casa depois das reuniões do conselho paroquial e não têm ninguém com quem conversar. Eles sofrem com sua solidão. Sempre pergunto o que a música significa para eles. Muitos dizem que adoram música. Mas, depois de uma sessão, não conseguem ouvir uma música que poderia lhes fazer bem naquele momento. Preferem se lamentar em vez de ficar à vontade e curtir a música que têm em sua coleção de CDs.

Seria bom examinar conscientemente a coleção e escolher o que me agrada neste momento. Toco essa música. Mas depois ouço o CD inteiro e deixo de fazer qualquer coisa ao mesmo tempo. Em vez disso, desfruto de uma noite de música só para mim, em uma posição confortável, totalmente em harmonia com a música que entra em mim, sem ser perturbado por ninguém. Em seguida, eu me presentearia com algo bom e não reprimiria minha frustração, mas a transformaria em alegria e emoção internas. Quando me entrego completamente à música, as experiências frustrantes não têm poder sobre mim. Meu coração se expande. Assim, não há mais espaço para pensamentos mesquinhos.

O escritor Alfons Rosenberg conta como, na sala de nascimento de Mozart, ouviu a música que Hans Schurich tocou no piano, que tinha sido o instrumento do próprio Mozart: "Quanto mais eu esquecia as execuções modernas e familiares de sua música e quanto mais o som muito mais modesto do piano tomava seu lugar, mais eu me esquecia de onde e com quem eu estava naquela noite". Ele teve a sensação de que a sala e os outros ouvintes desapareciam de sua consciência e de que ele estava sozinho em uma sala que "tinha emergido do esquecimento do tempo e do espaço". Ele continua: "E não havia nem pergunta nem resposta; os opostos que permeiam a vida terrena de forma tão tensa, mas também tão dolorosa, não desapareceram simplesmente no nada, mas se dissolveram em uma unidade superior de ser. Foi como se, pela primeira vez, a vida tivesse se tornado tão intensa. Foi como se, pela primeira vez, eu visse revelada a luz que ilumina todos que vivem neste mundo" (Rosenberg, p. 86). Rosenberg estava sozinho com Mozart naquele momento, mas era uma união total que o levou a uma união profunda, a um momento sagrado.

Aqueles que se entregam completamente à música podem, às vezes, ter o tipo de experiência que Rosenberg descreve. Então, estar sozinho deixa de ser um fardo e passa a ser uma graça, um lugar em que somos verdadeiramente um com a base de todo o ser, de uma forma mais profunda do que quando estamos na companhia de muitas pessoas.

Ser criativo

Conheço algumas senhoras idosas que passam suas noites solitárias tricotando ou fazendo crochê. Em geral, fazem isso para os outros, para deixá-los felizes. Elas tricotam meias ou moletons, produzem pequenas toalhas de mesa ou guardanapos e depois os dão de presente. Essa também é uma boa maneira de aproveitar a solidão. Essas senhoras gostam de ser criativas, usar suas habilidades e presentear outras pessoas. Dessa forma, estão totalmente envolvidas no que estão fazendo e, ao mesmo tempo, se conectam com as pessoas a quem trazem alegria com seus trabalhos manuais. Elas não sofrem com a solidão, mas permitem que esta se torne frutífera. A criatividade em si é divertida e é uma maneira de vivenciar suas ações como algo significativo. Quando estou sendo criativo, a vida parece significativa naquele momento. Não me sinto entediado, não me sinto vazio, sinto-me realizado e aproveito meu tempo de forma relevante.

Meu irmão descobriu suas habilidades criativas na arte de esculpir madeira. Essa também é uma atividade gratificante. Uma figura surge lentamente sob suas mãos. A Madonna que ele esculpiu agora enfeita sua casa. A escultura elaborada com suas próprias mãos é diferente da Madonna que compramos em uma loja.

Todos nós temos um potencial criativo. Uma pessoa esculpe, outra pinta – conheço algumas que encontraram grande alegria nisso. Quando estavam na escola, era diferente porque seus desenhos eram constantemente julgados e avaliados. Agora, elas começam a pintar por iniciativa própria, sem serem avaliadas ou classificadas. Algumas pessoas participam de um curso para desenvolver suas habilidades e desenvolver um bom olho para sua própria pintura. Aqueles que pintam também acham essa atividade gratificante.

Na idade avançada, minha mãe descobriu sua paixão por palavras cruzadas. Essa era a sua forma de criatividade. Ela era muito dedicada a isso. Quando ainda éramos crianças, as palavras cruzadas eram um oásis para minha mãe recuperar o fôlego em meio à agitação do dia a dia com seus sete filhos. E nós, crianças, sentíamos que não devíamos incomodá-la. Quando ela envelheceu, isso lhe passou a ser uma atividade agradável.

Quando alguém consegue se esquecer completamente em seus esforços criativos, não se sente sozinho. Ele sente a vida dentro de si. Entrega-se completamente ao que está fazendo. Isso o mantém vivo e o enche de alegria. Assim, não sofre com sua solidão. Em vez disso, sua solidão se transforma em uma fonte de alegria. Ele não tem medo de ficar sozinho à noite, mas espera ansiosamente pelo momento em que poderá fazer o que ama. Desse modo, não desperdiça seu tempo mudando de canal na frente da televisão e não o usa para trabalhar, mas o preenche com atividades significativas que trazem alegria. É uma atividade lúdica que, muitas vezes, pode ser uma bênção para os outros. É uma reminiscência das brincadeiras infantis, quando você mesmo criava jogos com coisas simples e se esquecia completamente neles. A atividade lúdica e criativa devolve à vida algo da leveza de uma criança que conseguia brincar sozinha porque se esquecia de si mesma e se envolvia no jogo. Ao mesmo tempo, sentia-se protegida pela proximidade dos adultos. Essa é uma bela imagem para empreendimentos criativos: eu faço tricô e crochê, envolvo-me completamente e me esqueço de mim mesmo durante essa atividade. E, ao mesmo tempo, sei que estou seguro na presença de Deus, que me envolve.

O metropolita Anthony descreve como uma simples atividade criativa pode nos conduzir a uma experiência profunda da presença de Deus. Uma mulher o procurou reclamando que não sentia nenhuma proximidade de Deus quando rezava, apenas um vazio. O metropolita a aconselhou a não orar nas semanas seguintes, mas simplesmente a ficar sentada por 15 minutos, sentir a paz em seu quarto e se alegrar com ela, e, então, tricotar na presença de Deus. Depois de algum tempo, voltou e disse: "Isso é muito estranho. Quando rezo a Deus ou, mais precisamente, quando falo com Ele, não sinto nada; mas quando me sento em silêncio diante dele, sinto-me envolvida por sua presença". A atividаde criativa pode ser um tipo de meditação na forma de uma atividade lúdica, na qual não reflito muito sobre a proximidade de Deus, mas simplesmente tricoto ou brinco perto dele, assim como eu brincava perto de meus pais quando criança e me sentia vivo e seguro ao mesmo tempo.

Minha atividade criativa preferida é, acima de tudo, escrever. Portanto, nunca é trabalho para mim, mas sempre uma experimentação lúdica. Eu brinco com as palavras, tento encontrar a chave para a realidade, para o mistério de Deus e o mistério do homem por meio da brincadeira. É claro que, agora, tenho muitos desejos que querem ser realizados quando escrevo. E, às vezes, preciso me disciplinar para não me desviar do tema escolhido. Mas, assim que consigo me familiarizar com ele, começo a escrever. Experimento as ideias que me ocorrem enquanto escrevo. E, então, muitas vezes, leio isso ou aquilo sobre esse tema e aprendo muito. Mesmo que eu não tivesse nenhuma obrigação ou tarefa a cumprir ao escrever, eu o faria por conta própria. Quando leio a Bíblia e um texto me fascina, medito sobre ele, mas, ao mesmo tempo, sou levado a escrever algo sobre o assunto, para organizar e desenvolver os pensamentos ainda obscuros. Não escrevo um diário, embora inveje algumas pessoas por essa atividade e habilidade. Mas eu precisaria de espaço para isso em um determinado horário todos os dias.

Henri Nouwen, um autor que admiro muito, tinha um diário e o atualizava de forma muito disciplinada. Sua vida era muito agitada. Mas havia duas coisas que ele fazia todos os dias: ele dedicava uma hora à oração pessoal e uma hora à escrita. Todos os dias ele separava uma hora para registrar o que havia vivenciado e para refletir sobre isso em seus escritos. Às vezes, invejo a capacidade de Henri Nouwen de refletir diariamente sobre suas experiências em seu diário. Mas sinto que, para mim, são temas específicos que me levam a escrever algo. Ou são as perguntas que as pessoas me fazem em conversas que me desafiam a encontrar uma resposta melhor em minha escrita do que a resposta que dei durante a conversa.

Meditar

Meditar é uma boa maneira de utilizar o tempo que tenho só para mim. Pois isso é especialmente importante pela manhã. É quando gosto de ficar sozinho. Tenho um canto de oração em minha cela, em que tenho um ícone de Cristo e alguns outros ícones que me foram dados nos últimos anos: um ícone de Maria, um ícone de anjos em que os anjos me oferecem a imagem de Cristo e um ícone de São Nicolau em que seu rosto irradia o amor que o permeia de forma tão evidente. Eu me sento nesse canto de oração todas as manhãs após o coro matinal, nossa oração matinal comunal.

Acendo uma vela e levo as mãos ao peito. Em seguida, medito com a oração de Jesus. Ao inspirar, digo silenciosamente para mim mesmo: "Senhor Jesus Cristo" e, ao expirar: "Filho de Deus, tenha piedade de mim!" Em seguida, olho para o ícone de Cristo e sinto como seu amor flui para meu coração quando inspiro e para todo o meu corpo quando expiro. A oração de Jesus me leva ao espaço interior do silêncio que o amor de Cristo preenche. Sinto-me em casa e acolhido nesse espaço interior do amor. Sinto que a meditação me faz bem.

É claro que nem sempre a meditação é maravilhosa. Às vezes me distraio, apesar de toda a prática que tenho. Mas olho para os ícones e volto a prestar atenção na minha respiração. Então, os pensamentos que me distraem desaparecem. A tradição espiritual recomenda que usemos a manhã para meditar. Porque assim o dia começa de uma maneira completamente diferente. Não me sinto sozinho durante o dia porque encontrei Cristo na meditação, que me acompanha durante todo o dia. Entretanto, muitas pessoas não conseguem meditar pela manhã. Elas podem fazer isso à noite. Entretanto, muitas pessoas já estão cansadas demais a essa altura para meditar adequadamente. Mas se a noite estiver à sua frente e elas já tiverem resolvido todas as coisas importantes daquele dia, não é tão importante estar totalmente desperto ao meditar. Você pode estar ou ficar cansado durante esses 15 ou 20 minutos. Mas você se sente apoiado em seu cansaço. Talvez você não seja mais capaz de voltar toda a sua atenção para muitas coisas diferentes, entretanto é justamente o cansaço que consegue orientá-lo completamente para Deus. Cansado, rende-se a esse Deus diante do qual você está sentado, em cuja presença você não precisa fazer nada além de estar presente. Então, depois de meditar – por exemplo, com a oração de Jesus – você pode se sentar no canto de oração por alguns momentos e refletir sobre o dia.

Em seguida, medito sobre o que está me comovendo neste momento. Mas eu o entrego a Deus ou a Cristo. Não fico remoendo o assunto, mas descanso diante dele com tudo o que está em minha mente. Ou encerro a meditação com um gesto: levanto-me e estendo minhas mãos para Deus. Ofereço o dia para Ele, as coisas bem-sucedidas e as coisas fracassadas, e as coloco nas mãos de Deus, confiando que Ele transformará o passado em uma bênção.

Cada um de nós tem sua própria maneira de meditar. E é bom que todos tenham a liberdade de encontrar sua própria maneira de meditar, a maneira que funcione para eles. Algumas pessoas adotam uma forma de meditação que aprenderam em um curso. Mas, depois de algum tempo, param de praticá-la. Em geral, justificam isso dizendo que não têm disciplina. No entanto, negligenciar a meditação costuma mostrar que essa não é a forma mais adequada para você. Portanto, su-

103

giro que reflita sobre estas perguntas: Como eu quero começar a manhã e terminar a noite? Devo me sentar por 20 minutos, prestar atenção em minha respiração e meditar? Ou a minha forma de meditar é ler um texto da Bíblia, refletir sobre ele e prestar atenção nos pensamentos e nas imagens que o texto provoca em mim? Ou devo realizar um gesto que me abra para Deus? O fator decisivo é que meu tipo de meditação desperte em mim uma alegria, uma expectativa de passar esse tempo sagrado dedicado a mim mesmo. É claro que também é preciso disciplina para se manter fiel à meditação. Mas, de acordo com Hildegard von Bingen, a disciplina é a arte de sempre ser capaz de se alegrar. Às vezes, nossa falta de vontade de meditar nos impede de fazer isso. Mas se, mesmo assim, nos sentarmos naquele momento, porque estamos obedecendo à nossa disciplina, a alegria reaparece em nós.

Fazer caminhadas

Durante as férias gosto de fazer caminhadas nas montanhas com meus irmãos. Fazer uma caminhada pode ser uma boa maneira de aproveitar a solidão. Nas tardes de domingo gosto de passear sozinho ao longo do nosso riacho depois do meu cochilo da tarde. Normalmente, nesse período, já encerrei um curso. Comuniquei-me muito com outras pessoas. Agora, minha necessidade de comunicação está satisfeita e gosto de andar sozinho, sentindo a natureza, ouvindo o canto dos pássaros na primavera e observando como as árvores ficam cada vez mais verdes, o ar fresco soprando ao meu redor e o sol brilhando sobre mim. Gosto também de caminhar na neve e ouvir seu barulho sob os pés a cada passo. Todo o resto está em silêncio. A neve mergulha a paisagem no silêncio. Posso esquecer de tudo que aconteceu no curso e entregá-lo a Deus.

Todos os domingos, depois da missa, meu pai caminhava sozinho até Maria Eich, uma igreja de peregrinação perto de Planegg, a cerca de uma hora de caminhada de nossa casa em Lochham. Ele era um homem de convívio familiar que adorava estar com outras pessoas. Como trabalhava em casa, fazia quase todas as refeições com a família. Mas, aos domingos, sentia a necessidade de caminhar sozinho até Maria Eich. Lá, ele podia encerrar a semana e largar as preocupações que os negócios lhe causavam. E gostava de ficar sozinho. Sempre se sentia em casa na floresta. Amava a beleza das árvores, as diferentes vozes dos pássaros. Também se sentia em casa nesse local de peregrinação mariana. Ele precisava ficar sozinho depois da missa para, então, voltar a desfrutar da companhia da família no almoço.

Algumas pessoas não gostam de fazer caminhadas sozinhas. Elas sempre precisam de companhia. É claro que é bom fazer uma caminhada em companhia de outros, mas caminhar sozinho também tem seus encantos. Assim, fico completamente imerso na natureza e me sinto parte dela. Percebo a natureza com todos os meus sentidos: sinto o sol brilhando sobre mim, o vento soprando ao meu redor. Ouço o som suave do vento e o canto alegre dos pássaros. Respiro profundamente o ar fresco. Sinto o cheiro da floresta, do prado, da primavera, do verão, do outono, do inverno. Sinto-me vivo, e sinto a presença de Deus que permeia a natureza. Não estou triste por ninguém estar comigo neste momento. Gosto de caminhar sozinho porque assim consigo perceber a natureza com tanta intensidade. E não me sinto sozinho. Estou na natureza, pertenço a ela. Tenho a sensação de estar sendo carregado, sinto uma profunda conexão interna. Estou unido com tudo.

Não fazer nada

Há uma forma de não fazer nada que não nos faz bem: ficamos sentados sem saber o que queremos, não descansamos. Levantamos e depois fazemos algo banal. Ou passamos o tempo sem fazer nada: ligamos a TV, não para assistir a nada em particular, mas apenas para não ficarmos sozinhos e não precisarmos pensar. De alguma forma, conseguimos fazer com que o tempo passe. Matamos o tempo, por assim dizer. Isso deixa um gosto de tédio. Não temos nada para fazer. Ninguém precisa de nós. Poderíamos muito bem nem existir. Ninguém se importaria, ninguém choraria por nós. É a ociosidade depressiva que nos arrasta para baixo.

Mas também posso conscientemente me dar ao luxo de não fazer nada à noite ou em um fim de semana inteiro. Não preciso ler, nem ouvir música, nem ser criativo. Simplesmente fico sentado em minha poltrona e desfruto da sensação de não ter que fazer nada. Não preciso provar nada a mim mesmo com nenhuma atividade, nem mesmo com uma atividade espiritual. Eu simplesmente me sento e não faço nada. Mas estou comigo mesmo. Olho ao redor do quarto em que vivo. Ele me dá uma sensação de lar e segurança. Sinto-me à vontade nesse espaço. Quando os pensamentos aparecem em mim, eu os observo. Mas não estabeleço a meta de ter pensamentos particularmente criativos ou inteligentes neste dia.

Não analiso minha vida. Em primeiro lugar, gosto do fato de não ter que fazer nada, de simplesmente poder estar aqui, exatamente do jeito que sou. Não preciso provar nada a ninguém, nem mesmo a Deus e muito menos a mim mesmo. Gosto de ser preguiçoso. Não preciso fazer nada agora nem pensar o que farei amanhã. Apenas me sento. Eu me sinto eu mesmo. Sinto meu valor, independentemente do que faço e penso. Se eu me permitir não fazer nada de vez em quando, essa preguiça pode se transformar em um momento muito proveitoso.

Entro em contato comigo mesmo, não com quem sou na frente dos outros, com o que conquistei, nem com a ajuda que dei aos outros. Eu simplesmente estou aqui. Sinto quem sou quando não me defino por minhas ações e pensamentos, simplesmente sou humano. Cruzo os braços e simplesmente fico sentado. A posição dos braços de repente se transforma em um abraço. Eu me aceito do jeito que sou. Eu me amo. Gosto de estar comigo mesmo. Sinto-me em casa comigo mesmo, independentemente do que os outros pensam de mim e dizem a meu respeito. Quando me sinto dessa forma, entro em contato com a história da minha vida. As lembranças de minha infância, da juventude e dos primeiros anos no mosteiro vêm à mente. E então percebo: eu me tornei a pessoa que sou agora. Tenho uma história, vivenciei algo. Sou grato por minha vida e estou reconciliado com ela. À medida que entro em contato comigo mesmo, lembro-me de todas as pessoas que me moldaram e por meio das quais me tornei a pessoa que sou agora: meus pais, meus irmãos, meus amigos, meus confrades, as muitas pessoas que conheci, as pessoas que foram exemplos para mim, que me desafiaram e também aquelas com as quais tive dificuldades, mas que, ainda assim, me ajudaram a progredir. Portanto, não é uma noite entediante, mas um momento muito emocionante que, sem fazer nada, passo comigo mesmo e com todas as pessoas que me moldaram. Não estou sozinho.

Então, reflito também sobre minha história com Deus. Ele me moldou desde o início. Ele me fascinava quando eu era criança. Ele era o mistério que me envolvia, que me deixava curioso, mas que também me deixava maravilhado. Esse Deus me moldou em minha juventude, manteve-me acordado e me fez trabalhar em mim mesmo. Ele me moldou durante meus primeiros anos no mosteiro. E, desde então, tenho encontrado esse Deus repetidas vezes de diferentes maneiras; às vezes, na forma do Senhor que fala comigo, que me ama, cuja presença curativa me envolve, e outras vezes como a base de todo o ser, como o amor que permeia todo o ser. Então, eu me sento – sem fazer nada – na presença de Deus. Não preciso sentir essa presença. Ela me envolve. Quando a percebo, simplesmente estou lá. E sinto: tudo é bom do jeito que é. Tudo está bem.

Lidar com a solidão de *forma* consciente

A solidão é um fenômeno que sempre ocupou os pensamentos das pessoas, como fardo e como uma oportunidade. A pandemia chamou nossa atenção para a solidão de uma nova maneira, revelando que muitas pessoas não conseguem lidar bem com ela. Muitos se sentiram sobrecarregados com sua solidão. E, como resultado, muitas ficaram deprimidas. Em minha opinião, existem dois motivos para isso.

Em primeiro lugar, você sempre precisa do equilíbrio certo entre solidão e comunidade. Se o equilíbrio for perturbado, se a solidão predominar repentinamente, muitas pessoas se sentirão sobrecarregadas. Em segundo lugar, muitas pessoas não foram treinadas para lidar bem com a solidão. Portanto, a pandemia nos mostrou mais uma vez que é bom aprendermos a ficar sozinhos, a aceitar isso como uma parte importante de nossa vida. O que se aplica à pandemia se aplica à vida inteira. Só teremos sucesso se conseguirmos lidar bem com os dois extremos, se aprendermos a ficar sozinhos e, ao mesmo tempo, tivermos bons relacionamentos com as pessoas e desfrutarmos da comunidade.

Cada pessoa passa pela experiência de ficar sozinha em algum momento na vida. E, com frequência, também se sente solitária. Mas cabe a nós definir como vivenciamos o fato de estarmos sozinhos e a solidão que vem com o fato de sermos uma pessoa. Cabe a nós decidir se queremos nos lamentar e permitir que ela nos arraste cada vez mais para baixo ou se preferimos ver a solidão como uma oportunidade de sermos um com nós mesmos, com tudo que existe – com Deus, com todas as pessoas e com toda a criação. Cabe a nós decidir se permaneceremos em rebelião contra a solidão ou se vivenciaremos nossa solidão como uma fonte que podemos aproveitar. Então, nós a perceberemos como algo precioso, como algo que nos coloca em contato com a riqueza de nossa própria alma.

Cada um de nós já experimentou solidão e solitude em sua vida. E cada um de nós já experimentou as duas formas de lidar com isso. Às vezes, a solitude foi algo maravilhoso. E, às vezes, sofremos com ela, mergulhamos na tristeza e na depressão. Essas duas experiências fazem parte de nós. Mas também nos desafiam a lidar conscientemente com nossa solidão. Parte de nos tornarmos humanos é, de tempos em tempos, isolar-nos deliberadamente para ficarmos a sós conosco mesmos. Esses são momentos preciosos em que nos libertamos de todos os papéis que, de outra forma, estaríamos desempenhando. Quando estamos sozinhos, entramos em contato com nossa verdade. Tudo que os outros pensam de nós e dizem a nosso respeito não é importante. Estamos a sós conosco mesmos e a sós com Deus. É nesse momento que nossa vida pode ser colocada em ordem e em que podemos encontrar nossa verdade.

Mas é igualmente importante que não nos isolemos em nossa solidão, mas que busquemos um relacionamento. A solidão só pode ser bem-vivida se estivermos em um relacionamento conosco mesmos e com Deus, mas também em um relacionamento com as pessoas. É por isso que sempre devemos tentar sentir: É bom que eu suporte e organize a solidão neste momento? Ou seria melhor pegar o telefone e ligar para alguém? Telefonar só ajudará se eu não reclamar para a outra pessoa que estou me sentindo sozinho, só ajudará se eu realmente iniciar uma conversa, ou seja, perguntar à outra pessoa como ela está em vez de focar apenas em mim mesmo. Caso contrário, isso prejudicará o relacionamento, e a outra pessoa não gostará de falar comigo ao telefone.

Cada um de nós precisa encontrar o equilíbrio certo entre estar sozinho e estar acompanhado. Vejo homens que não conseguem ficar sozinhos após a morte da esposa e sobrecarregam os filhos, exigindo que eles cuidem de si constantemente. Os filhos devem dissolver a solidão, por assim dizer, mas os próprios idosos se recusam a aceitar a solidão, a se tornar ativos e a participar de um clube ou de um grupo de caminhada. Somente aqueles que são bons em ficar sozinhos conseguem se sentir confortáveis em uma comunidade. A comunidade é, então, um bom lugar para eles desfrutarem de relacionamentos com outras pessoas. Mas qualquer pessoa que não se relacione na solidão também não se relacionará em um grupo. Portanto, a terapia mais importante para a solidão e contra o isolamento é aprendermos a nos relacionar conosco mesmos, com Deus, com a criação e com as pessoas.

Na tradição cristã, existe a prática dos exercícios espirituais, que remonta a Inácio de Loyola. Você se retira conscientemente para a solidão e conversa com um conselheiro espiritual sobre o que surge durante esse período. Há também os chamados dias no deserto, com os quais você se presenteia: você passa o dia sozinho, seja em uma caminhada ou em um lugar espiritual em que está protegido das demandas da vida profissional. Outros se retiram para um mosteiro por alguns dias para ficarem sozinhos consigo mesmos. Esses são momentos especiais com os quais você se presenteia, especialmente se estiver constantemente cercado de pessoas. Mas a cada dia há momentos em que estamos a sós conosco mesmos. Também precisamos usar esses momentos para vivenciar a solidão como uma fonte de espiritualidade. Independentemente de buscarmos a solidão ou de ela nos ser imposta, é importante vivê-la e moldá-la de maneira positiva. Isso exige uma arte, uma habilidade que deve ser aprendida. Cada um encontrou sua própria maneira de lidar com a solitude e a solidão.

Os caminhos que sugeri neste livro pretendem convidar o leitor a refletir sobre suas próprias possibilidades. Talvez um ou dois leitores encontrem inspiração para si mesmos sobre como gostariam de organizar os momentos em que estarão sozinhos no futuro. Espero que todos os leitores experimentem a solidão como um momento valioso no qual descobrem o segredo de sua própria vida. E desejo que eles – parafraseando Paul Tillich – lidem com sua solidão de tal forma que ela se torne uma religião, um vínculo com Deus, uma convicção de que eles são carregados por Deus e que sua alma só encontra paz quando descansa em Deus. Ao mesmo tempo, espero que também gostem de estar com outras pessoas e que encontrem o equilíbrio certo para si mesmos entre solidão e comunidade.

Referências

BINDER, W. Einsamkeit als Thema der Literatur. *In*: SCHULTZ, J. (org.). *Einsamkeit*. Stuttgart, 1980, p. 92-105.

BROCHER, T. Einsamkeit in der Zweisamkeit. *In*: SCHULTZ, J. (org.). *Einsamkeit*. Stuttgart, 1980, p. 162-173.

EVÁGRIO PÔNTICO. Capita practica ad Anatolium. *In*: MIGNE, J.-P. (org.). *Patrologiae cursus completus, series graeca (PG)*, vol. 40. Paris, 1858.

EVÁGRIO PÔNTICO. *Über das Gebet – Tractatus de oratione* (Quellen der Spiritualität, Band 4), trad. John Eudes Bamberger. Münsterschwarzach, 2017.

JUNG, C.G. *Briefe III*. Olten, 1973.

KÄSTNER, E. *Die Stundentrommel vom heiligen Berg Athos*. Frankfurt am Main, 1974.

KÖLBEL, G. *Über die Einsamkeit – Vom Ursprung, Gestaltwandel und Sinn des Einsamkeitserlebnisses*. Munique, 1960.

LEVEND, H. *Einsamkeit – Die Stille nach innen*. Würzburg, 2000.

LOTZ, J.B. Das Phänomen der Einsamkeit im Lichte der personalen Anthropologie. *In*: BITTER, W. (org.). *Einsamkeit – Ein Tagungsbericht*. Stuttgart, 1967, p. 30-48.

MESTRE ECKHART. *Einheit mit Gott*. Düsseldorf, 2002 [textos selecionados e organizados por D. Mieth].

NOUWEN, H.J.M. *Ich hörte auf die Stille – Sieben Monate im Trappistenkloster*. Freiburg im Breisgau, 2001.

RIEMANN, F. Flucht vor der Einsamkeit. *In*: SCHULTZ, J. (org.). *Einsamkeit*. Stuttgart, 1980, p. 22-33.

ROSENBERG, A. Allein mit Mozart. *In*: SCHULTZ, J. (org.). *Einsamkeit*. Stuttgart, 1980, p. 80-90.

SAFRANSKI, R. *Schopenhauer und die wilden Jahre der Philosophie*. Frankfurt am Main, 2001.

SARTORIUS, M. *Die hohe Schule der Einsamkeit – Von der Kunst des Alleinseins*. Gütersloh, 2006.

SCHMITZ-BUNSE, W. Verlust des Partners. *In*: SCHULTZ, J. (org.). *Einsamkeit*. Stuttgart, 1980, p. 216-227.

SCHÜTZ, C. Einsamkeit/Alleinsein. *In*: *Praktisches Lexikon der Spiritualität*. Freiburg im Breisgau, 1988, p. 275-282.

SPERBER, M. Von Not und Nutzen der Einsamkeit. *In*: SCHULTZ, J. (org.). *Einsamkeit*. Stuttgart, 1980, p. 10-21.

TUDOR-SANDAHL, P. *Verabredung mit mir selbst*. Freiburg im Breisgau, 2005.

UHSADEL, W. Der einsame Mensch in biblischer Sicht. *In*: BITTER, W. *Einsamkeit – Ein Tagungsbericht*. Stuttgart, 1967, p. 144-159.

YALOM, I.D. *Der Panama-Hut oder was einen guten Therapeuten ausmacht*. Munique, 2010.

Referências

BINDER, W. Einsamkeit als Thema der Literatur. *In*: SCHULTZ, J. (org.). *Einsamkeit*. Stuttgart, 1980, p. 92-105.

BROCHER, T. Einsamkeit in der Zweisamkeit. *In*: SCHULTZ, J. (org.). *Einsamkeit*. Stuttgart, 1980, p. 162-173.

EVÁGRIO PÔNTICO. Capita practica ad Anatolium. *In*: MIGNE, J.-P. (org.). *Patrologiae cursus completus, series graeca (PG)*, vol. 40. Paris, 1858.

EVÁGRIO PÔNTICO. *Über das Gebet – Tractatus de oratione* (Quellen der Spiritualität, Band 4), trad. John Eudes Bamberger. Münsterschwarzach, 2017.

JUNG, C.G. *Briefe III*. Olten, 1973.

KÄSTNER, E. *Die Stundentrommel vom heiligen Berg Athos*. Frankfurt am Main, 1974.

KÖLBEL, G. *Uber die Einsamkeit – Vom Ursprung, Gestaltwandel und Sinn des Einsamkeitserlebnisses*. Munique, 1960.

LEVEND, H. *Einsamkeit – Die Stille nach innen*. Würzburg, 2000.

LOTZ, J.B. Das Phänomen der Einsamkeit im Lichte der personalen Anthropologie. *In*: BITTER, W. (org.). *Einsamkeit – Ein Tagungsbericht*. Stuttgart, 1967, p. 30-48.

MESTRE ECKHART. *Einheit mit Gott*. Düsseldorf, 2002 [textos selecionados e organizados por D. Mieth].

NOUWEN, H.J.M. *Ich hörte auf die Stille – Sieben Monate im Trappistenkloster*. Freiburg im Breisgau, 2001.

RIEMANN, F. Flucht vor der Einsamkeit. *In*: SCHULTZ, J. (org.). *Einsamkeit*. Stuttgart, 1980, p. 22-33.

ROSENBERG, A. Allein mit Mozart. *In*: SCHULTZ, J. (org.). *Einsamkeit*. Stuttgart, 1980, p. 80-90.

SAFRANSKI, R. *Schopenhauer und die wilden Jahre der Philosophie*. Frankfurt am Main, 2001.

SARTORIUS, M. *Die hohe Schule der Einsamkeit – Von der Kunst des Alleinseins*. Gütersloh, 2006.

SCHMITZ-BUNSE, W. Verlust des Partners. *In*: SCHULTZ, J. (org.). *Einsamkeit*. Stuttgart, 1980, p. 216-227.

SCHÜTZ, C. Einsamkeit/Alleinsein. *In*: *Praktisches Lexikon der Spiritualität*. Freiburg im Breisgau, 1988, p. 275-282.

SPERBER, M. Von Not und Nutzen der Einsamkeit. *In*: SCHULTZ, J. (org.). *Einsamkeit*. Stuttgart, 1980, p. 10-21.

TUDOR-SANDAHL, P. *Verabredung mit mir selbst*. Freiburg im Breisgau, 2005.

UHSADEL, W. Der einsame Mensch in biblischer Sicht. *In*: BITTER, W. *Einsamkeit – Ein Tagungsbericht*. Stuttgart, 1967, p. 144-159.

YALOM, I.D. *Der Panama-Hut oder was einen guten Therapeuten ausmacht*. Munique, 2010.

Conecte-se conosco:

 facebook.com/editoravozes

 @editoravozes

 @editora_vozes

 youtube.com/editoravozes

 +55 24 2233-9033

www.vozes.com.br

Conheça nossas lojas:

www.livrariavozes.com.br

Belo Horizonte – Brasília – Campinas – Cuiabá – Curitiba
Fortaleza – Juiz de Fora – Petrópolis – Recife – São Paulo

  Vozes de Bolso

EDITORA VOZES LTDA.
Rua Frei Luís, 100 – Centro – Cep 25689-900 – Petrópolis, RJ
Tel.: (24) 2233-9000 – E-mail: vendas@vozes.com.br